日本の最高裁を解剖する

The Japanese Supreme Court
and Judicial Review
David S. Law

アメリカの研究者からみた日本の司法

デイヴィッド・S・ロー◎著　西川伸一◎訳

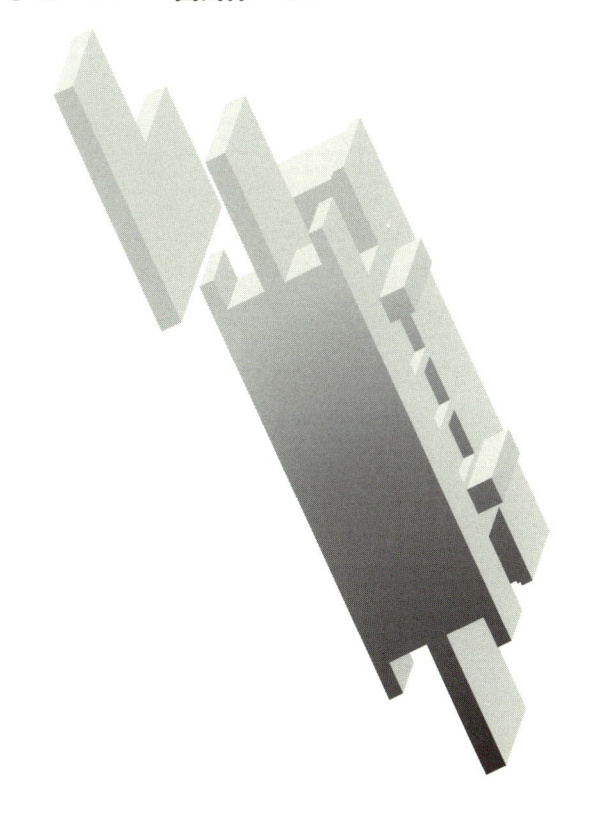

現代人文社

日本の最高裁を解剖する
アメリカの研究者からみた日本の司法
The Japanese Supreme Court and Judicial Review

目次

日本語版への序文……………iv
「日本語版への序文」の原文…xii

第1部　保守的最高裁の解剖──日本の司法を審査する
　要　旨………2
　序　論　最高裁はなぜそれほど保守的なのか……………4
　第1章　最高裁裁判官への道……………7
　　　　　①　密室的な選考過程……………7
　　　　　②　任官までの道のり……………9
　　　　　③　司法部内での出世コース……………13
　第2章　最高裁裁判官へのもう一つの道……………22
　　　　　①　検察官経由……………22
　　　　　②　弁護士経由……………23
　　　　　③　行政官経由……………29
　　　　　④　法律学の教授経由……………31
　第3章　最高裁裁判官に対する制度的圧力……………34
　　　　　①　時間の制約──その1：すぐにやってくる退官…………34
　　　　　②　時間の制約──その2：過剰な仕事量……………37
　　　　　③　マンパワーの制約：裁判官と調査官の逆説的な関係…38
　結　論　司法政治の性質と制度設計の影響……………49
　　　　注………56
　　　　訳者解説…………80

第 2 部　日本で違憲立法審査が十分機能してこなかったのはなぜか

要　旨……………86
序　論　最高裁はなぜ違憲立法審査に消極的だったのか…88
第 1 章　文化的説明……………90
　　1 「官」の文化……………90
　　2 日本社会の主流にある政治文化……………91
　　3 公然たる対立の文化的忌避……………92
　　4 日本社会の軸なき特徴……………94
第 2 章　歴史的説明……………97
　　1 戦後に続く明治時代の遺産……………97
　　2 「二流の官僚」としての裁判官……………98
　　3 違憲立法審査の外来的な性格……………102
　　4 冷戦の影響……………103
第 3 章　政治的説明……………107
　　1 違憲立法審査に対する政治的制約：
　　　　外圧なのか自己抑制なのか……………107
　　2 外部からの抑制：任命手続きを通じた政府の影響力…110
　　3 自己抑制：規範的か戦略的か……………113
第 4 章　制度的説明……………116
　　1 内閣法制局による事前審査……………116
　　2 司法部と法務省の人事交流の影響……………119
　　3 司法部の官僚制的構造と内部規律……………120
結　論　司法官僚制の支配を断ち切る……………124
　　注……………128
　　訳者解説……………146

訳者あとがき……………150
キーワード検索……………153
著者紹介・訳者紹介……………156

日本語版への序文
（日本語訳）

　本書のほとんどの部分は、日本の最高裁が違憲立法審査権を十分に行使してこなかったのはなぜかという、因果的な疑問に関するものである。しかしながら、その背景に潜んでいるのは、最高裁が政府に対して憲法の実現をためらうことが重大な事柄とされるべきかどうかという規範的な疑問である。この疑問に取り組むためには、民主主義と違憲立法審査の関係、および日本国憲法それ自体の正当性を考察することが不可欠である。

　民主主義にとっては、選挙と多数決ルールがまさに重要である。自分たち政治家は選挙で選ばれたのであるから自分たちの望むことは何でもできるというのが民主主義の意味ならば、不人気な見解は抑えつけられ、少数派はいまわしい結果とともに迫害されてしまうかもしれない。第二次世界大戦における残虐行為が世界に示したのは、民主主義についてのそのような浅薄な考え方が危険なほど不適切であり、際限のない人的被害をもたらしかねないということだ。それゆえ、民主主義とは、あらゆる人びとの自由、平等、尊厳、および法の支配の尊重を政府に要求するものだといまでは理解されている。

　過去半世紀にわたって、ほとんどの民主主義国はこれらの要件を、個人の権利を保障する憲法を採用し、憲法への政府の服従を確保する特別の責任を裁判所に割り当てることで満たそうとしてきた。今日、世界のほとんどすべての国が成文憲法を持ち、憲法の圧倒的大多数——80％

以上でありさらに増えている——は違憲立法審査を明文で規定している。[*1]

　日本も例外ではない。日本国憲法98条はこの憲法があらゆる法令や政府の行為に優越する最高法規であることを謳い、97条はこの憲法によって与えられる権利は「侵すことのできない永久の権利」であることを強調して、憲法の至高性を正当化している。これらの権利を保障するために、81条はとりわけ最高裁に「一切の法律、命令、規則又は処分が憲法に適合するかしないかを決定する権限」を与えている。[*2]この権限には、日本の立憲民主主義を支えることに対する重大な責任が伴う。

　しかしながら、日本の最高裁ほど違憲立法審査権の行使をためらう裁判所を世界中で見出すことは困難である。最高裁が法令を違憲無効とするのをためらうのは、民主主義に対する健全な尊重をまさに表すものだと、しばしば正当化され擁護されている。選挙で選ばれた代表を通じて表明される国民の要求に裁判所が干渉するのは、非民主的であると指摘する者もいる。しかし、この主張はまちがっている。というのも、それは民主主義についての不十分で陳腐な定義に依拠しているからだ。民主主義についての適切で今日的な理解は、まったく異なる結論に至る。すなわち、憲法上の権利を司法が実現することはきわめて民主的である。なぜなら、憲法上の権利を政府が尊重することそれ自体が民主主義の要請であるからだ。

　日本で違憲立法審査がほとんど行われていないことは、次の事実に照らすとはるかに不幸であることがわかる。すなわち、日本は積極的に実現するに値する憲法に恵まれているのである。日本国民は世界で最古の部類に属するが、にもかかわらずまた最先端の憲法を有している。2012年5月3日に、日本国憲法は65歳になった。憲法の平均でみれば、それはとうに引退する年齢である。世界各国の憲法の半分は19年未満しかもっていない。[*3]それとは対照的に、日本国憲法は時の試練に耐えてきたばかりか、現在施行されている他のいかなる憲法よりも、改正されることなく生きながらえてきた。

しかしながら同時に、日本国憲法はほとんど陳腐化していない。実際に、日本国憲法はそれが施行された当時にはかなり先進的なものであったばかりか、いまだに世界の立憲主義の主流にしっかりとどまっている。その年齢にもかかわらず、日本国憲法は20ある世界で最も普及している憲法上の権利のうちの19を含んでいる。一方、アメリカ合衆国憲法には12しかない。アメリカの進歩派の人びとは、性別または社会的身分に基づく差別を禁止する（日本国憲法14条1項）のみならず、合衆国憲法に欠けているいくつかの権利を挙げるだけでも、学問の自由（同23条）、「健康で文化的な最低限度の生活」（同25条）、教育の権利（同26条）、「勤労者の団結する権利及び団体交渉その他の団体行動をする権利」（同28条）を保障する憲法を夢見ることしかできない。他の国々の憲法と比較しても、日本国憲法は日本国民が誇ることのできる憲法である。

　もちろん、すべての人びとが日本国憲法を誇りに思っているわけではない。数十年間、憲法改正（とりわけ憲法9条の平和条項の改正）を意図する保守派は、それを外国からの押しつけと特徴づけることで、その正当性を掘り崩そうとしてきた。しかしながら、この主張が見落としているのは、反動的な政治家たちに憲法を押しつけることと、日本国民に憲法を押しつけることとの間の重要な相違である。戦後直後には、日本の政治的指導者たちは、国民の要望を満足させる新しい憲法を起草する意欲あるいは能力がなかった。新憲法を準備する機会を与えられた幣原喜重郎内閣は草案を作成したが、それはきわめて保守的であると広く非難された。幣原内閣がこのようにやり損なったあとでようやく、占領当局の官僚たちが自らの草稿をもって介入したのである。それは日本政府にとっては歓迎されなかったが、日本国民には歓迎された。自分たち自身の指導者の幾人かとは異なり、国民は有意義な憲法改正を支持し、9条を含む新憲法の最も重要な特徴を抱きしめたのだった。

　60年以上が経っても、基本的状況は依然として同じである。保守政治家は相変わらずこの憲法を好きではなく、広い国民の支持を欠いた憲

法改正要求を押し進めることに彼らは依然として固執している。これら政治家の言い分にも一理ある。すなわち、憲法改正論議は健全な現象でありうる。しかしながら、イデオロギー的な政策を推進するよりもむしろ、例えば透明性の向上や政治の腐敗の縮減のような、国民に彼らが望み必要とするものを与えることに政治家が熱意を示すならば、日本にとってはそのほうがはるかに健全だろう。

その一方で、保守政治家が9条を改正できないとしても、彼らは少なくとも、最高裁が9条の実現をめぐって踏みこむことはありそうもないと安心していられる。民主党が2009年に政権を取ったあと、最高裁は憲法問題に関してより積極的な立場を取ると期待されたのかもしれない。しかしながら、本書で説明される理由から、自民党が政権を離れる直前の2008年に自民党政権が竹﨑博允を最高裁長官に異例にも指名したことは、民主党に対して司法部の保守的コントロールを固守するための効果的な短期的戦略であった。自民党が政権に復帰したことで、司法部によって憲法が積極的に実現される見込みは再び遠のいてしまった。

*

2008年のはじめ、カリフォルニア大学サンディエゴ校の政治学部の優秀な同僚であったピーター・ゴルヴィッチがディナーパーティーでたまたま私に、日本で過ごすことに関心はあるかと尋ねたとき、キャリアを一変させる冒険が前途に待ち受けていることに私は感づかなかった。この会話は日立製作所が拠出している外交問題評議会（CFR）のフェローシップにつながった。数か月のうちに、私は慶應義塾大学に迎えられ、日本の司法部の内部事情に関する研究に没頭することになった。このときの調査が本書へと発展したのである。日立-CFR フェローシップ・プログラムフェローとして来日できたことはたいへん名誉なことだった。そして、このめったにない機会を与えていただき、きわめて有益な経験をさせていただいた CFR と日立製作所に、私は深く感謝するものである。この資金援助にもかかわらず、本書で表明される見解はまったく私

個人のものである。カール・グリーン、山野陽一、山崎容子および藤田寿仁の各氏には、日立−CFR フェローシップ・プログラムをめぐる彼らの根気強い支援に心からの謝意を捧げたい。このプログラムは日米間の相互理解と友情を継続的に深めるものである。

　慶應義塾大学では、田村治朗とジェラルド・マカリンの両氏が、きわめて親切で思いやりのあるホスト役を務めてくれた。マカリン教授は私の希望をすぐに把握し、慶大法科大学院を修了したばかりの白井紀充を私に推薦してくれた。白井氏は私の研究助手、通訳、案内役、さらには日本の文化と礼儀に対するガイド役になってくれた。ノリさんの驚異的に多彩な才能なしには、私は東京滞在中にあって言葉のあらゆる意味で途方に暮れたことだろう。同じく、セントルイス在住の竹村恭輔と東京在住の関根みず奈の両氏の手助けなしには、私の研究は行き詰まったことだろう。

　私がたいへんお世話になった人びとの多くのお名前をここで挙げることはできない。彼らのうちには、裁判官、検察官、および（元）最高裁裁判官が含まれており、匿名が取材の条件だったことを守らなければならないからだ。彼らの協力は私の調査にとって絶対不可欠のものだったが、彼らはまた私に対して、私の当てずっぽうの予想を大きく超えて、寛大で、歓待にあふれ、辛抱強く、そして率直に接してくれた。私が彼らを失望させず、あるいは、彼らの厚情を裏切らなかっただろうかと少し心配になる。どちらにしても、本書の責任はもちろん彼らにはない。さらには、本書もいずれの箇所も個人的な批判の意味に捉えられてはならない。私が日本で面会することができた裁判官やその他の官僚たちは、いかなる場所や職業であれ、私がこれまで会った中で最も有能で最も熱心に職務に励んでいる人びとである。民主主義国であれば、政府機関のうちで批判を避けられるものはない。そのことは司法部にもあてはまる。しかし、私が研究を進めれば進めるほど、私にとってますます明らかになったのは、日本の裁判官が誇りと高潔さをもって自分たちの国に尽く

し、彼らのなすすべてのことに賛成であろうとなかろうと、彼らは最大限の尊敬に値する、ということである。

　もし私が日本についてなにがしかを明確に理解することができたとすれば、それはひとえに、お世話になった方々が私に教える労をいとわなかったためである。そうした辛抱強く寛大な方々には、宮澤節生、松井茂記、戸松秀典、紙谷雅子、長谷部恭男、伊藤博、大沢秀介、棚瀬孝雄、ローレンス・レペタ、スティーヴン・ギヴンズ、コリン・ジョーンズ、マーク・ラムザイヤー、フランク・アパン、そして私の傑出した元同僚のジョン・ヘイリーが含まれる。ここにお名前を挙げられなかった方々には、お詫びと感謝を申し上げる。

　東京で私は常にくつろぎを感じていた。というのも、とても多くの人びとが私をご自宅に招いてくださったからだ。清水紀恵博士とご家族は彼らが持つマンションに私を住まわせてくれた。彼らの好意と寛大さのおかげで、私はきわめて快適に東京暮らしができた。これは望外の幸せであった。家族ぐるみの長年の友人である沈道吟および私の隣人となった津村靖権、有香、そして乙ちゃんは、私が決して空腹を感じないよう、そしてホームシックにかからないよう気を配ってくれた。ロバート・デュジャリックは東京在住の来日知識人たちに私を紹介してくれ、私もその仲間に加えてくれた。

　最後に、私の家族に謝意を記すことをお許しいただきたい。とりわけ、私の母マーガレット（劉瑩瑩）と父チャールズ（劉志西）、妹アン、さらに私の愛する、今年88歳になる祖母ズン・ディー・リウユ（劉臧雪勤）に。カナダ西部の砂漠に生えたつるからもいだラズベリーを食べて過ごした幼少の頃から、新宿駅近くの不思議なデパ地下で買った弁当を食べた代々木の高層マンションに至るまで、彼らは私のこれまでの全人生を通じて私を愛し支えてくれた。私の妻チョン・ヒョンジン（정형진）は私が親しみを込めて「ねえ」と呼びかけられるたった一人の女性であり、彼女との毎日は満足と喜びの源である。彼女を伴侶にできた幸運に勝る

ものはない。私は彼らにすべてを負っている。それゆえ、私が本書を捧げるのはまさに彼らに対してである。

　大事なことを一つ言い残したが、私は政治学者の西川伸一に感謝しなければならない。日本の司法部の内部事情についての彼の知識はしのぐものがないほどである。研究者としての彼の知識と業績に匹敵するものは、彼の寛大さ、思いやり、および献身のみである。私にとって光栄の至りであるのは、彼が自分の研究時間を割いて、本書の翻訳に充ててくれたことである。日本の司法部に関する私の研究が日本の読者と共有できる機会を与えてくださったことに対して、彼と現代人文社の成澤壽信社長に深い感謝を捧げたい。

2013年4月9日

デイヴィッド・S・ロー
ワシントン大学（セントルイス）法学教授・政治学教授
ジョージタウン大学法学客員教授
ワシントンD.C.にて

《注》

* 1　David S. Law & Mila Versteeg, The Declining Influence of the United States Constitution, 87 N.Y.U. L. Rev. 762, 793-94 (2012).

* 2　自民党が2012年4月27日に発表した「日本国憲法改正草案」では、97条は削除されている。

* 3　Zachary Elkins, Tom Ginsburg & James Melton, The Endurance of National Constitutions 129 (Cambridge University Press 2009).

* 4　立野純二「日本国憲法、今も最先端　米法学者ら、188カ国を分析」『朝日新聞』2012年5月3日、12面。

* 5　『毎日新聞』が憲法草案（松本案）をスクープし、その案は単なる体裁だけの改正を提案していると強く批判された。Ray A. Moore & Donald L. Robinson, Partners for Democracy: Crafting the New Japanese State under MacArthur 77-78 (Oxford University Press 2004); Koseki Shōichi, The Birth of Japan's Postwar Con-

*6　David S. Law, *The Myth of the Imposed Constitution,* in THE SOCIAL AND POLITICAL FOUNDATIONS OF CONSTITUTIONS (Denis Galligan & Mila Versteeg eds., Oxford University Press 2013). たとえば、『毎日新聞』が1946年に行った世論調査によれば、国民のなんと85％が象徴的な役割に後退させた上での天皇制の存置を支持し、その一方で、72％が９条を必要だとみなしていた。LAWRENCE W. BEER & JOHN M. MAKI, FROM IMPERIAL MYTH TO DEMOCRACY: JAPAN'S TWO CONSTITUTIONS, 1889–2002, at 81–82 (2002).

*7　*See, e.g.,* Michael Hoffman, *Constitutional Revision May Bring Less Freedom,* JAPAN TIMES ONLINE, Feb. 3, 2013, www.japantimes.co.jp/news/2013/02/03/national/constitutional-revision-may-bring-less-freedom（日本国憲法は「不名誉」だとした安倍晋三の発言を引く）。

*8　たとえば次をみよ。「一票の格差が違憲状態のままなら、総選挙『反対』53％　朝日新聞世論調査」『朝日新聞』2012年５月３日（世論調査の結果、53％は９条改正に反対し、30％だけがその改正を支持したと報じる）；「2012衆院選：「景気」最重視争点に「震災復興」「原発」は７％にとどまる」『毎日新聞』2012年12月11日、http://senkyo.mainichi.jp/graph/2012/12/11/20121211mog00m010014000c/001.html（世論調査回答者のわずか２％が、憲法改正を2012年総選挙の最も重要な争点と考えていたと伝える）。

*9　本書123頁をみよ。

訳者付言：この「日本語版への序文」は本書のために書き下ろされたものである。そこで、原文も公表したいという筆者からの要請があり、次頁以下でそれを掲げることにする。

〔「日本語版への序文」の原文〕
BOOK PREFACE: The Japanese Supreme Court and Judicial Review

Much of this book is concerned with the causal question of why the Japanese Supreme Court has largely failed to exercise the power of judicial review. Lurking in the background, however, is the normative question of whether the Court's reluctance to enforce the constitution against the government should be of concern. To address that question, it is necessary to consider the relationship between democracy and judicial review and the legitimacy of the Nihonkoku Kenpō itself.

There is more to democracy than just elections and majority rule. If democracy means that government officials can do whatever they want as long as they are elected, then unpopular views can be suppressed, and minorities can be persecuted, with terrible results. The atrocities of World War II showed the world that such a thin conception of democracy is dangerously inadequate and can lead to limitless human suffering. Consequently, democracy is now understood to require the government to respect the liberty, equality, and dignity of all people, along with the rule of law.

Over the last half-century, most democracies have sought to satisfy these requirements by adopting constitutions that guarantee individual rights, and by assigning to the courts a special responsibility for ensuring government obedience to the constitution. Today, nearly every country in the world has a written constitution, and the vast majority of constitutions – over 80% and growing – explicitly provide for judicial review.[*1]

Japan is no exception. Article 98 of the Nihonkoku Kenpō declares the constitution supreme over all laws and acts of government, and Article 97 justifies the supremacy of the constitution by emphasizing that the rights conferred by the constitution are "fundamental human rights" that must "be held for all time inviolable."[*2] To guarantee these rights, Article 81 specifically confers upon the Supreme Court the "power to determine the constitutionality of any law, order, regulation, or official act." With this power comes great responsibility for upholding constitutional democracy.

It is difficult to think of any constitutional court in the world that is more reluctant to exercise the power of judicial review, however, than the Japanese Supreme Court. The Court's reluctance to strike down laws as unconstitutional is sometimes justified and defended as simply a form of healthy respect for democracy. Some suggest that it is undemocratic for a court to interfere with the wishes of the people, as expressed through their elected representatives. But this argument is mistaken because it rests on an unsatisfactory and obsolete definition of democracy. A proper, contemporary understanding of democracy leads to a very different conclusion: judicial enforcement of constitutional rights is profoundly democratic because government respect for constitutional rights is itself a requirement of democracy.

The near-absence of judicial review in Japan is even more unfortunate in light of the fact that Japan is blessed with a constitution that deserves to be vigorously enforced. The Japanese people enjoy a constitution that is one of the oldest in the world yet also one of the most up-to-date. On May 3, 2012, the Nihonkoku Kenpō turned 65 years of age. For the average constitution, that is long past retirement age: half of the world's constitutions last less than 19 years.[*3] By comparison, the Kenpō has not merely passed the test of time, but it has survived longer without amendment than any other constitution currently in force.

At the same time, however, the Kenpō is nowhere near obsolete. In fact, it was relatively advanced at the time it was adopted, and it remains squarely in the mainstream of global constitutionalism. Notwithstanding its age, the Kenpō contains nineteen of the twenty most popular constitutional rights in the world; by comparison, the U.S. Constitution contains only twelve.[*4] Progressive Americans can only dream of a constitution that not only prohibits discrimination on the basis of sex or social status (Kenpō, art. 14(1)), but also guarantees academic freedom (art. 23), "minimum standards of wholesome and cultured living" (art. 25), the right to education (art. 26), and "the right of workers to organize and to bargain and act collectively" (art. 28), to name only a few of the rights that are absent from the U.S. Constitution. Measured against the constitutions of other countries, this is a constitution of which the Japanese people can be proud.

Of course, not everyone is proud of the Nihonkoku Kenpō. For decades, conservatives intent on amending the constitution (especially the pacifist provisions of Article 9) have sought to undermine its legitimacy by characterizing it as a foreign imposition. What this argument overlooks, however, is the crucial difference between imposing a constitution on a group of reactionary politicians and imposing a constitution on the Japanese people. Immediately following the war, Japan's political leadership proved unwilling or unable to draft a new constitution that would satisfy the desires of the Japanese public. Given the opportunity to prepare a new constitution, the Shidehara Cabinet produced a draft that was widely condemned as too conservative.[*5] Only after the Cabinet had bungled its own efforts did American occupation officials intervene with their own draft, which did not please the Japanese government but did please the Japanese people. Unlike some of their own leaders, the public supported meaningful constitutional reform and embraced the most important features of the new constitution, including Article 9.[*6]

Over six decades later, the basic situation remains the same. Conservative politicians still do not like the constitution,[*7] and they still insist upon pushing constitutional proposals that lack broad popular support.[*8] There is one thing that these politicians are right about: constitutional amendment can be a healthy phenomenon. But it will only be healthy for Japan if politicians focus less on advancing an ideological agenda and more on giving the people what they want and need, such as greater transparency and less corruption in government.

In the meantime, even if conservative politicians cannot amend Article 9, they can at least rest assured that the Supreme Court remains unlikely to enforce Article 9. The Court might have been hoped to take a more activist stance on constitutional questions after the Democratic Party of Japan (DPJ) took power in 2009. However, for reasons explained in this book, the LDP government's unconventional selection of Hironobu Takesaki as Chief Justice in 2008 shortly before it left office proved an effective short-term strategy for entrenching conservative control of the judiciary against the DPJ.[*9] Now that political power is back in LDP hands, the prospects for vigorous judicial enforcement of the constitution have once again dimmed.

****

In early 2008, when a distinguished colleague at the University of California, San Diego political science department named Peter Gourevitch casually asked me at a dinner party if I had any interest in spending time in Japan, I had no inkling of the career-changing adventure that lay ahead. That conversation led to a fellowship from the Council on Foreign Relations sponsored by the Hitachi Corporation. Within months, I had arrived at Keio University and immersed myself in the inner workings of the Japanese judiciary. That research evolved into the present book. It was a great honor to be an International Affairs Fellow in Japan, and I am profoundly grateful to the Council on Foreign Relations and the Hitachi Corporation for this rare opportunity and deeply rewarding experience. Their sponsorship notwithstanding, the views expressed in this book are entirely my own. Carl Green, Yoichi Yamano, Yoko Yamazaki, and Toshihito Fujita deserve special credit for their tireless support of Hitachi's fellowship program, which continues to promote mutual understanding and friendship between the United States and Japan.

At Keio University, Jiro Tamura and Gerry McAlinn were thoroughly gracious and helpful hosts. Professor McAlinn immediately grasped my needs and did me the enormous favor of recommending a recent Keio graduate named Norimitsu Shirai, who became my research assistant, translator, navigator, and guide to Japanese culture and protocol. Without Nori-san's miraculously varied talents, I would have been lost in every sense of the word during my time in Tokyo. Likewise, without the help of Kyosuke Takemura in St. Louis and Mizuna Sekine in Tokyo, my research would have come to a standstill.

Many of those to whom I owe the greatest debt of gratitude cannot be named at all. These include judges, prosecutors, and current and former members of the Supreme Court, whose confidentiality must be maintained. Their cooperation was absolutely essential to my research, but they also showed me generosity, hospitality, patience, and candor beyond my wildest expectations. I hope that I have not disappointed them or made them regret their kindness. Either way, they are not to be blamed for the pages that follow. Nor should anything in this book be construed as personal criticism. The judges, justices, and other officials that I have had the privilege of meeting in Japan are among the most capable and hard-working people I have ever met, in any place or profession. In a democracy, no government institution should ever be above criticism, and that includes the judiciary. But the more research that I did, the clearer it became to me that Japan's judges serve their country with honor and integrity, and deserve the utmost respect, whether or not one agrees with everything that they do.

If I have been able to see anything about Japan clearly, it is only because others spared no effort to teach me. My patient and generous tutors have included Setsuo Miyazawa, Shigenori Matsui, Hidenori Tomatsu, Masako Kamiya, Yasuo Hasebe, Hiroshi Itoh, Hideyuki Ohsawa, Takao Tanase, Lawrence Repeta, Stephen Givens, Colin Jones, Mark Ramseyer, Frank Upham, and my distinguished former colleague John Haley. I am certain that I have neglected to mention others, and to them, I owe my apologies as well as my gratitude.

In Tokyo, I always felt at home because so many people welcomed me into their homes. Dr. Norie Shimizu and her family literally made their home my own. I was incredibly fortunate to live comfortably and well in Tokyo thanks to their kindness and generosity. Our longtime family friend, Shen Dau Ling, and my neighbors, Shinken Tsumura, Yuka, and Oto-chan, ensured that I never went hungry and never felt homesick. Robert Dujarric has forged an intellectual community for expats in Tokyo and was kind enough to make me a part of it.

I am glad that I can finally thank my family in print, including my mother, Margaret; my father, Charles; my sister, Anne; and my beloved grandmother, Shen Chee Liew, who turns 88 this year. From an early childhood spent eating raspberries right off the vine in the dry desert of western Canada, to a highrise apartment in Yoyogi eating bentō from Shinjuku-eki's magical *depachika*, they have loved and supported me for my entire life. Hyun Jin Chung is my one and only *yeobo*, and every day with her is a source of satisfaction and joy. I can barely comprehend my good fortune in marrying her. I owe them everything, and it is to them that I dedicate this book.

Last but not least, I must thank Shin-ichi Nishikawa, a political scientist whose knowledge of the inner workings of the Japanese judiciary is unsurpassed. His expertise and accomplishments as a scholar are rivaled only by his generosity, helpfulness, and dedication. I am deeply honored that he would take the time from his many other scholarly pursuits to translate this volume, and I am endlessly grateful to him and our publisher, Narisawa-san, for the opportunity to share my research on the Japanese judiciary with a Japanese audience.

David S. Law
Professor of Law and Professor of Political Science, Washington University in St. Louis
Visiting Professor of Law, Georgetown University

Washington, D.C.

April 9, 2013

* 1 David S. Law & Mila Versteeg, *The Declining Influence of the United States Constitution,* 87 N.Y.U. L. Rev. 762, 793-94 (2012).
* 2 The constitutional amendments proposed by the Liberal Democratic Party on April 27, 2012 would delete Article 97.
* 3 Zachary Elkins, Tom Ginsburg & James Melton, The Endurance of National Constitutions 129 (Cambridge University Press 2009).
* 4 Junji Tachino, 朝日新聞、日本国憲法、今も最先端 米法学者ら、188カ国を分析、May 3, 2012, p. 12.
* 5 The *Mainichi Shimbun* published a leaked version of the draft constitution, which was strongly criticized for proposing merely cosmetic changes. Ray A. Moore & Donald L. Robinson, Partners For Democracy: Crafting The New Japanese State Under MacArthur 77-78 (Oxford University Press 2004); Koseki Shōichi, The Birth Of Japan's Postwar Constitution 61 (Ray A. Moore ed. & trans., Westview Press 1997).
* 6 David S. Law, *The Myth of the Imposed Constitution,* in The Social And Political Foundations Of Constitutions (Denis Galligan & Mila Versteeg eds., Oxford University Press 2013). A poll conducted by the *Mainichi Shimbun* in 1946 showed, for example, that a whopping 85% of the public supported retention of the Emperor in a reduced symbolic role, while 72% deemed Article 9 necessary. Lawrence W. Beer & John M. Maki, From Imperial Myth To Democracy: Japan's Two Constitutions, 1889–2002, at 81–82 (2002).
* 7 *See, e.g.,* Michael Hoffman, *Constitutional Revision May Bring Less Freedom,* Japan Times Online, Feb. 3, 2013, www.japantimes.co.jp/news/2013/02/03/national/constitutional-revision-may-bring-less-freedom (quoting Shinzo Abe's description of the Kenpō as "disgraceful").
* 8 *See, e.g.,* 朝日新聞、一票の格差が違憲状態のままなら、総選挙「反対」53％ 朝日新聞社世論調査、May 3, 2012 (reporting the results of a public opinion poll showing 53% opposition to amendment of Article 9, and only 30% support); 毎日新聞、2012衆院選：「景気」最重視争点に 「震災復興」「原発」は７％にとどまる, Dec. 11, 2012, http://senkyo.mainichi.jp/graph/2012/12/11/20121211mog00m010014000c/001.html (reporting that only 2% of poll respondents viewed constitutional amendment as the most important issue in the 2012 election).
* 9 See p.123 of this book.

第1部

保守的最高裁の解剖
―― 日本の司法を審査する

要旨[*0]

　日本の最高裁判所は世界で最も保守的な憲法裁判所であると、広くそして当然のようにみなされている。私は滞日中に、7人の（元）最高裁裁判官を含む様々な裁判官、官僚、および研究者に対してインタビューを行った。このインタビューに依拠して、本稿では、最高裁が日本国憲法の実現に積極的な役割を果たしてこなかったのはなぜかについて、政治的および制度的な観点から説明する。この説明によって、司法政治〔訳注：現実の裁判が働く政治的文脈〕と選挙政治の関係、およびこの両者を媒介する制度設計の役割もいくらか解明されるはずである。

　最高裁が保守的であるという事実がおそらく当然だとみなされるのは、保守的な政治環境に最高裁が長期間浸かってきたことに由来する。もちろんこの保守的な政治環境とは、中道右派の自民党が半世紀にわたって、ほとんど途切れることなく政権を維持してきたことを意味している。しかしながら、最高裁に対して自民党が及ぼす影響のほとんどは、司法部の制度設計によって覆い隠されているのである。そのため、司法部は所掌事務を処理することはもちろん、だれを最高裁裁判官に迎え入れるかを決定することについてさえ、相当の自律性を有しているようにみえる。自民党がしてきたことは事実上、司法部の政治的コントロールを司法部自身の中のイデオロギー的に信頼に足る代理人に委任することだった。——すなわち、その代理人とは、実に強大な権力をもつ最高裁長官、および最高裁の事務機構である最高裁事務総局にいる長官の補佐人たちで

ある。最高裁長官と同様に、事務総局の幹部たちはまちがいなく正統派の裁判官たちである。というのも彼らは、すべての職業裁判官が経なければならないイデオロギー的審査の長期にわたる過程を経由して、権力ある地位に上りつめたからである。この司法官僚グループは新任判事補の教育と選別から最高裁調査官の人選にいたるまで、広範囲に及ぶ慎重な取り扱いを要する仕事に従事している。この最高裁調査官自身も、エリートの職業裁判官たちである。そして、彼らは最高裁裁判官がリベラルな逸脱を犯そうとするとこれを阻止することができるし、またそうする傾向にある。

　日本の経験は、司法政治および制度設計の研究者にとって有意義な教訓となる。政治的影響から完全に切り離すように裁判所を設計する、あるいはそのように作り上げる妥当な方法はない。しかしながら、裁判所の制度的特徴は、裁判所がその置かれた政治的環境にいかに応答的であるかを規定しうるものである。これと明らかに関連する特徴は、政治的アクターがどれくらいしばしば裁判所の人的構成を決める機会をもっているかである。これほど明確ではないにせよ、同じく関連する特徴は、裁判所内の権力がどの程度集中しているか分散しているかである。日本の最高裁は、これら二つの特徴の重要性を示している。その組織と構造によって、日本の最高裁はいかなる重要な時期にあっても、政府の要求からはずれることはまずできそうもない。というのも、最高裁裁判官のすべてのポストには定年年齢に近い裁判官を任命するという慎重な戦略がとられているので、彼らは頻繁に入れ替わることになる。この裁判官の入れ替えによって、政府は最高裁のイデオロギー的方向性を調整し補正することが継続的に可能になるのである。同様に、比較的短い間隔で交代する最高裁長官1人の手中に権力が集中していることによって、政府は最高裁の方向性に影響を及ぼす努力を継続的かつ繰り返し行うことを免れている。

序論
最高裁はなぜそれほど保守的なのか

　日本の最高裁は、世界で最も保守的な憲法裁判所とみなされてきた。そして、それには十分な理由がある[*1]。日本の最高裁が「保守的」なのは、それがあまりに消極的あるいは慎重すぎて、政府に刃向かうことはまずないからだ、と指摘する者もいよう[*2]。それに代わって、あるいはそれに加えて、長年にわたる与党であり保守政党の自民党のイデオロギー的見解と選好を最高裁がちょうど共有しているからだと指摘する者もいるかもしれない[*3]。とはいえ、明らかなのは「保守的」というレッテルがぴったりだということである。

　1947年に発足して以来、日本の最高裁判所が違憲無効とした法令はわずか8件にすぎない[*4]。ちなみに、その数年後に設置されたドイツの連邦憲法裁判所は、600件以上の法律を違憲無効としている[*5]。その上、日本の最高裁による違憲判決の多くはあまり重大なものではなかった。最高裁が違憲無効とした、あまり知られていない条文規定には、尊属殺人重罰規定[*6]、薬事法薬局距離制限規定[*7]、郵便法免責規定[*8]、森林法共有林分割制限規定[*9]、そしてより近年では、非嫡出子の国籍取得制限[*10]などがある。50年以上に及ぶ日本の違憲立法審査を考察する上で最も重要な違憲判決は、おそらく1976年に言い渡された衆議院議員定数配分規定をめぐるものだろう。これは1票の重みが都市部と農村部で1対5である公職選挙法の定数配分を違憲とした。ただ、そうかといって、最高裁はいか

なる是正策も命じることはなかった。さらに、自民党にとっておそらく最も重要な憲法問題に関して、最高裁は判断を示すのを回避ばかりしてきた。すなわち、最高裁は自衛隊の現実と憲法9条の矛盾に裁判で決着を付けることを一貫して避けてきた。憲法9条は陸海空軍その他「戦力」の保持を明文で禁じている。

　なぜ最高裁はそこまで保守的なのか。私は日本で様々な裁判官、官僚、および研究者に対してインタビューを行った——その中には7人の（元）最高裁裁判官も含まれる——。これらのインタビューに依拠して、本稿ではなぜ最高裁が日本国憲法の実現に積極的な役割を果たしてこなかったのかを詳細に検討する。本稿は、最高裁が憲法をリベラルに運用することを強く抑止してきた、公式および非公式の制度と実践について述べていく。これらの制度と実践には、次のものが含まれる。日本の職業裁判官の教育、リクルートおよび昇進、最高裁裁判官の選抜方法、現職の最高裁裁判官が直面する資源面での限界と実践面での制約、さらには、最高裁長官と司法部内のえり抜きの司法官僚が下級裁判所の行動および最高裁の人的構成に与える影響。

　しかしながら、これらの制度的構造がつくりだしてきたものは、イデオロギーあるいは傾向において、必然的にあるいは本来的に保守的な司法部ではない。いやむしろ、内部の指導層の意向にきわめて応答的で、なおかつこの指導層の変化に迅速に適応できる司法部である。実際のところ、司法部は一群のエリートの幹部裁判官に牛耳られている。彼らは最高裁長官を含む重要な司法行政ポストに就き強大な権限を行使して、自分たちが好む見解を司法部の隅々にまで常に押し通すことができる。彼らが統一性と継続性を達成するために用いる官僚機構は、保守的な政治のルールを保守的な司法部の行動へ常に忠実に翻訳してきた。ただ、自民党一党支配が戦後長く続いてきたために、イデオロギー的に方向性がかなり急激に変化することに司法部が制度的にうまく対応できるかどうかは、依然としてはっきりしないままである。えり抜きの少数

の裁判官の手中に権力が集中しているので、指導層に変化が生じれば、それは司法部全体の行動に急速で深遠な影響を及ぼすことになろう。

　第1部の各章では、最高裁がなぜそれほど保守的なのか、その二つの基本的理由を論じる。第1章および第2章によればその第一の理由は、まさにリベラルな人物が最高裁裁判官に任命されることは困難であるということである。第3章によればその第二の理由は、ひとたび最高裁入りした裁判官が真にリベラルに行動することは困難であるということである。最高裁の保守主義が本質的に政治的かつ制度的な理由によるものであると論じられよう。結論においては、司法政治と選挙政治の関係、および両者を媒介する役割を果たす制度的構造について、日本の経験からいくつかの教訓を引き出すことになる。裁判所をその政治的環境の影響から完全に切り離すことは不可能である。しかしながら、制度設計次第では、建前上は欠かせない司法部の独立を、実際には必要となる政治的応答性と調和させることは可能である。日本には、司法部が政府の要求と協調し続けるための洗練された仕組みがある。しかしながら、この仕組みは政府の中ではなく、司法部それ自体の中にあるものなのである。その結果、司法部は官僚制的自律性という形での高い司法的独立性を、関係する政治的アクターの要求に対する高い感度と両立させているのである。

第1章
最高裁裁判官への道

1 密室的な選考過程

　世界を変革することを夢みる左翼がかった法学徒のことを想像してみよう。彼は、正義、平等、個人の権利、立憲主義といった理想、および平和と民主主義への国民のかかわりを支持し促進することを夢みている。彼を「サヨク」氏とよび、さらに彼は日本の憲法体系を作り変えたいという生硬な意欲とそのための知的能力をもつ、あまりお目にかかれない人物だと仮定しよう。「サヨク」氏が最高裁をより積極的でリベラルな方向へ舵取りしようとするには、二つのやり方が考えられる。第一は、彼自身が最高裁裁判官になって、意見を表示する際にはリベラルな方向を支持し、他の最高裁裁判官に同調するよう促すことだろう。第二は、最高裁裁判官の人選に影響を及ぼすことだろう。これら二つのアプローチは決して両立しないものではない。すなわち、もし彼が最高裁長官になることができれば、最高裁の行動とその人的構成の双方に対して影響力を行使するだろう。

　最高裁裁判官の任命に——もっとはっきり言ってしまえば、任命過程の全てにわたって——どれほど最高裁長官が影響を及ぼすのかは、あいまいさと秘密の厚いヴェールに包まれている。[*14] 真実は幾層もの建前の下に埋められており、この建前の層をタマネギの皮をむくかのように一枚

一枚はがしていかなければならない。公式には憲法により、天皇が「内閣の指名に基いて」[*15]最高裁長官を任命することになっている。その一方で、他の最高裁判事を任命する権限は内閣に直接与えられており、[*16]内閣とは議院内閣制において端的には首相を指している。しかしながら、実際には、天皇の役割はきわめて形式的であるにとどまらず、首相の役割も憲法の条文の表記が示唆するほど必ずしも広範なものではない。現職の最高裁裁判官が定年年齢に近づくと、最高裁長官は首相に1人から3人の氏名が載っている候補者名簿を提出する。[*17]近年では、首相が最高裁長官の推薦をあからさまに拒否したことはないようだ。[*18]

　この事実から、最高裁裁判官の人選は現実には司法部自身に委ねられていると推論したくなるし、そう主張した研究者もいる。[*19]しかし最高裁長官の役割もまた、天皇や首相の役割に劣らず、ある程度建前を含んでいる。第一に、後述するように、最高裁長官は最高裁裁判官の欠員をいかに埋めるべきかについてほとんど、あるいはまったく発言しない。[*20]第二に、首相に対する最高裁長官の推薦は、最高裁長官が推薦する前に、何人かの候補者が首相官邸によってすでに審査される過程の単なる最終段階にすぎない。私が調べたところでは、官房長官が、事務総長とともに候補者選定の「交渉」に携わる。[*21]この事務総長とは最高裁長官によって任命され、その腹心を務めるポストである。そして、きわめて強力な司法行政機関である事務総局を率いる。[*22]首相と最高裁長官のこれら主要な側近たちがお互いに満足のいく結論にすでに到達したあとでようやく、最高裁長官は首相に彼の（前もって承認済みの）推薦者名を伝えるのである。[*23]それゆえ、最高裁長官が首相に候補者名をじかに伝える前でさえ、最高裁長官が推薦するいかなる候補者に対しても、首相は官房長官を通して、非公式に拒否する機会を十分にもっている。

　とはいえ、最高裁長官が無制約の権力をふるうわけではないにせよ、明らかに、最高裁長官は一般の裁判官の任命と昇進、およびとりわけ最高裁裁判官の人選に、直接的にも間接的にもかなりの影響力を発揮する。

従って、「サヨク」氏が最高裁の方向性に影響を最大限に及ぼしたいと望むのであれば、彼は最高裁判事のみならず、最高裁長官になろうとするだろう。しかし、彼が次のことに気づくのにさして時間はかかるまい。すなわち、日本のアール・ウォレン〔訳注：米連邦最高裁長官（在任1953-69)〕ないしはウィリアム・ブレナン・ジュニア〔訳注：米連邦最高裁判事（在任1956-90)〕になろうと夢見る理想に燃えた若い法学徒にとって、最高裁への道は半世紀以上ほとんど克服できなかったけた外れの障害物に満ちあふれていることに。

② 任官までの道のり

　「サヨク」氏が最高裁判事となり、さらに言えば最高裁長官になるチャンスを最大にしたいと望むのであれば、彼は司法部におけるキャリアをよく検討して、それ結果若いうちに任官したほうがいいと考えるだろう。後述のように、15ある最高裁裁判官ポストは、法曹界その他の様々な出身枠への非公式の割当てに基づいて配分されている[*24]。最も多くのポストが配分されているのは司法部である。すなわち、最高裁裁判官のうちの6人は職業裁判官出身者であり、とりわけ最高裁長官は、ほとんど例外なく職業裁判官の出世コースを経てそこに昇りつめた者である[*25]。加えて、日本の最高裁へ駆け上がるという僥倖に恵まれるとすれば、それは司法部において数々のキャリアを生涯にわたって順調にこなしてきたことの集大成を意味する。しかもこの昇進話は、定年退官前の貴重な数年間に舞い込むものなのだ[*26]。従って、「サヨク」氏はできるだけ早く司法部に第一歩を踏み入れなければならない。

　そうするために、彼はまず法律を勉強し、司法試験に合格しなければならない。以前であれば、「サヨク」氏は裁判官になるという野心を実現するために、ロースクールに入学する必要はなかった。学士号——たいていは法学士号であるが、必ずしもそうである必要はない——を得た

のち、続いてすぐに彼は司法試験を受ければよかったのである。司法試験は日本ではそれまで、合格率２％ないし３％という信じがたいほどの狭き門だった。[*27] 彼が首尾よく司法試験の難関を突破したならば、次いで彼は司法研修所で２年間の司法修習を受けなければならなかった。司法研修所は国費で最高裁によって運営される。[*28] 大卒者に専門教育を行うロースクールがようやく2004年に設置され、それ以降、司法修習期間は１年に短縮された。[*29] しかしながら、司法試験に合格し法曹――弁護士であれ、検察官であれ、裁判官であれ――を目指す者はだれであれ、司法研修所で司法修習を受けなければならないという基本的要件は変わらなかった。[*30]

イデオロギー的に好ましからざる裁判官に対する「組織的パージ」――ある評者はこのように適切に表現している――は、司法修習の初日からはじまる。[*31] 司法研修所の各々のクラスにはそれぞれ５人の教官が配置される。すなわち、民事裁判、刑事裁判、検察、民事弁護、刑事弁護の各５人の教官である。[*32] 民事裁判および刑事裁判の教官は、職業裁判官の中から事務総局によって選ばれる。そしてまず間違いなく、事務総局は細心の注意を払って、その分野で教官としても専門家としてもすぐれた裁判官を選抜するのである。[*33] 司法研修所教官として勤務することは、裁判官のエリートコースに乗ったことを意味している。実際に、多くの場合、元最高裁裁判官には司法研修所教官として務めた経歴がある。[*34] とはいえ、司法研修所の裁判官教官は、教えること以外にも重要な役割を果たす。その役割のために、事務総局は裁判官教官の次の点に大いに注目することになる。すなわち、彼らの法的専門知識とクラス運営能力のみならず、彼らのイデオロギー的穏健性、交渉面での技量および人物を見抜く眼力である。

裁判官教官が果たす一つの役割は教化〔訳注：教師が生徒に特定の価値観を他の諸説との比較検討を行わずに教え込む教育〕であると指摘されてきた。宮澤節生は裁判官教官を「慎重に選抜された主流派の裁判官であり、

彼らが教えるのは、彼らにとって受容しうる理論や技能のみである」と特徴づける。宮澤によれば、司法修習を終えた時点でより若い者の任官を司法部が好むのは、理由のないことではない。可塑性のある若い時期に裁判官として教化することは、すでに任官している裁判官の行動をコントロールするために司法部が用いうる様々な仕組みと併せて、「日本のほとんどの裁判官の」極端なまでの「消極性」を説明するものである。司法修習が単なる教育にとどまらず教化の域まで達しているかどうかは、見る人によってかなり分かれる。しかしながら、宮澤の次の指摘はまちがいない。すなわち、事務総局自身の保守的意向を一顧だにしない裁判官を事務総局が教官に選ぼうものなら、それは驚くべきことだろう。

　司法研修所の裁判官教官が担う役割のうち、もう一つ注意を要するものは、任官候補者の選別とリクルートである。人事に携わった経験のある裁判官の中には、こう指摘する者もいた。すなわち、ふさわしい候補者を適切な員数だけリクルートすることは期限の切られた難題であるが、必須の司法修習のおかげで、司法部はその力量を見せつけることができ、リクルートにもってこいの機会を与えられていると。なぜ任官したのかを尋ねられて、私がインタビューした裁判官の何人かは、司法研修所で自分たちを教えてくれた裁判官教官に好意的な印象を持ったからだと明言した。しかし、もちろん司法部はそのリクルート活動において選別的なのである。判事補採用願を提出した司法修習生の大部分を司法部が採用するという事実は、任官希望者ならだれでも採用することを意味しているわけではない。むしろ、任官にふさわしい者を見つけ出し、任官希望者の中からでさえ裁判官にふさわしくない者の任官を思いとどまらせることが、裁判官教官の仕事となっている。彼ら裁判官教官は、司法修習生全員に対する秘密の値踏みを行うことを心得ておく責任を負い、従って最初からクラス全体をよく目配りしていかなければならない。

　司法研修所で裁判官教官が果たす情報収集、リクルート、および候補者選別の役割を司法部が頼りにしているのは、半ば当然といってよい。

すなわち、新人たちは法曹の実務経験をもたないまま司法修習終了後ただちに任官するので、裁判官教官の目利きで司法修習生の出来不出来について集められた情報を、司法部が当てにするのは必然的かつ賢明なことなのである。しかしながら、これら裁判官教官は司法修習生の生硬な法的能力だけに注目しているわけでは断じてない。裁判官教官として十分な経験をもち裁判官の人事にも精通しているある（元）最高裁裁判官は、こう強調した。裁判官教官が注目しているのは、適正な「気質」「バランス」そして「公平」感覚を備えた候補者なのであると。これら資質をもたない任官希望者が試験できわめて高い点をとる場合もあるが、彼らは裁判官ではなく弁護士か検察官になるようそれとなく勧められることになるのだ。この証言者の言葉によれば、裁判官教官は彼らが任官しようとする気をくじくというよりも、彼らの気持ちを検察官や弁護士に向けさせるように懸命に努力するのである。この（元）最高裁裁判官はさらにこう述べた。任官を公式に拒否された司法修習終了者は、政治的理由からだと伝えられるが、むしろ実は勉強の仕方を誤ったか、特異な見解を抱いているか、あるいはその他の理由で任官にふさわしくないからなのだと。ある性格のタイプは彼の言葉によれば、裁判官としては「危険」なのである。

　当然かもしれないが、判事補任用過程には透明性が欠如していると批判されてきた。弁護士のある勢力から出されたそのような批判に一部応えて、近年の司法改革の結果、任官と再任に際して最高裁に意見を述べる下級裁判所裁判官指名諮問委員会が設置された。諮問委員会は日本の法曹界の様々な分野の代表から構成される。そこに含まれるのは、日弁連が推薦する弁護士2人、裁判官2人、法学者2人、検察官2人、さらに法曹関係者以外から3人であり、そのうち実際には少なくとも1人は財界の代表者である。匿名を条件に、諮問委員会の活動に詳しいある関係者は、次のように語ってくれた。司法部が諮問委員会の設置を支持したのは、これによって、仕事が遅いあるいは能力に欠ける裁判官をやめ

させることがより容易になるし、それと同時に、彼らをやめさせること
の責任あるいは非難を司法部自身は引き受けずにすむからだと。[*49]

　しかしながら、下級裁判所裁判官指名諮問委員会の設置は、任命過程
を取り巻く透明性を向上させることにはつながらなかった。というのも、
第一に諮問委員会はそれが任官希望者の適否を判断する基準を説明して
ほしいという司法修習生から、および委員会の委員自身からさえ出され
た要求をはねつけてしまったのである。[*50]第二に、諮問委員会の議事要旨
は確かには公開されることになってはいるが、それをみてもだれが何を
言ったか、ましてや委員会の議論の中身はわからない。[*51]議事要旨がせい
ぜい明らかにするのは、委員長が委員に対してこう強調したことくらい
である。すなわち、委員は政府のために働いているのであり、その審議
内容については守秘義務が法的に課せられていると。[*52]くだんの関係者に
よれば、日弁連から選ばれた委員は、委員会にとっての厄介者だったそ
うである。[*53]彼らは弁護士任官とその存続を強力に主張した。彼らは、弁
護士出身者ばかりが任官ないし再任を目立って多く拒否されている、と
感じているのである。[*54]諮問委員会は全会一致で議決することになってい
るので、弁護士から任命された委員が委員会の議事進行を遅延させるこ
とが時に可能となる。[*55]弁護士が司法部左派であることは広く知られてい
ることを考慮すれば、[*56]弁護士任官に司法部が難色を示すのは、法廷のイ
デオロギー的バランスからみて当然のことかもしれない。

③　司法部内での出世コース

　「サヨク」氏が任官時における最初の選別過程をくぐりぬけた場合に
は、彼は官僚制的な出世の階梯をのぼっていくことになる。すなわち、
数十年も続くはるかに困難な選別過程に彼は引き続き直面することにな
ろう。いくつかの観点からみて、官僚制は日本の司法部を表す適切な言
葉である。およそ1000人が威容を誇る四つの建物からなる最高裁で働

いており、彼らのうちの四分の三以上が最高裁事務総局に勤務している[*57]。これら司法官僚が日本全国の250か所に散らばる裁判官3200人の生殺与奪の権を握るのである[*58]。この官僚制がこれらの裁判官の行動と思考を方向づけることは公然の秘密だ。ある（元）最高裁裁判官の言葉を借りれば、「官僚制を通じて……我々は若者をひとかどの裁判官に育て上げる。それは［日本の］企業の場合と同じなのだ」[*59]。司法部も例外ではないと彼は強調した[*60]。

なんらかの基準を用いて、日本の司法部は裁判官の生活を異常なまでに統制する[*61]。事務総局が決めるのは昇給と昇進ばかりか、事件の配点や裁判官の任地にまで及ぶ[*62]。外交官ないしは軍人によく似て、職業裁判官はおよそ3年ごとに転勤せざるをえず、しばしば意に沿わない任地にも送られる。たとえば、刑事が得意な東京出身の裁判官が、地方の家裁に配属されることもある[*63]。裁判官は官舎住まいが一般的であり、それは僻地では司法部が用意する寮のような建物である場合もある[*64]。新しい任地に着任すると、裁判官は避けたほうが無難な弁護士や他の有力者のリストを受け取ることさえある[*65]。

いかなる時点でも、「サヨク」氏のそれまでのキャリアをみれば、彼が最高裁裁判官の有望な候補者かどうかを予測することができよう。彼がその厳しい出世争いのただ中にあるとすれば、彼はエリートコースにしっかり乗っていることがわかるポストを次々に任されて、その気にさせられていることだろう。そのエリートコースには、以下の日の当たるポストが、ほとんどではないにせよ多く含まれていよう。すなわち、東大あるいは京大、ときには中大で抜きんでた成績を収め、司法試験を高得点でパスしたあと、彼は司法修習生となり、司法修習終了後は初任あるいは初任後まもなくの任地として東京地裁に勤務する[*66]。彼は民事であれ刑事であれ行政であれ、特定の法律分野で専門知識を磨き、ある時点で最高裁調査官として勤務することを命ぜられる[*67]。その後一つないし二つのポストをこなすと、彼は最高裁調査官を統括する責任を負う首席調

査官あるいは上席調査官として、最高裁に戻ってくることすらある。調査官に加えて、あるいは調査官になるかわりに、司法研修所教官ないしは内閣法制局参事官として勤務を命ぜられることもある。内閣法制局とは、政府立法を審査し法律問題について内閣に意見を述べる責任をもつ少数精鋭の政府機関である。彼はアメリカあるいはドイツで法学修士を取得するために、海外の大学に国費で派遣されることもある。キャリアの中盤から後半にかけて、彼は順調にいけば東京高裁管内の地裁所長になる。たとえば静岡地裁、千葉地裁、横浜地裁といった所である。さらに、日本の代表的な高裁である東京高裁、大阪高裁、さらにはおそらく名古屋高裁に勤務する。その後うまく運べば、とりわけこれら三つの高裁のいずれかの長官にのぼりつめる。

　もちろんエリート裁判官でも、東京、大阪、名古屋の大都市から遠く離れた僻地での勤務もさせられる。同様に、エリートコースに乗っていない裁判官も東京地裁あるいは主要な高裁の一つで、少なくとも短期間勤務する機会に恵まれることはある。冷遇された裁判官もときには望ましいポストに就けるのは、僻地での勤務のすぐあとに東京近郊での勤務で埋め合わせる人事政策を事務総局が巧みに取っているためである。しかし相対的にみれば、エリート裁判官は同期の裁判官に比べて、好ましい任地の格上の裁判所にきまって長く勤務し、家裁や僻地の地家裁支部にはあまり長くは勤務しないのである。

　とりわけ、エリートコースに乗った裁判官は不釣り合いなほど長い期間、事務総局で司法官僚として勤務する。そして事務総局の中でも、最も有力で優遇されている裁判官は人事局に配属されるのが通例のようである。そこで彼らは、同僚の裁判官たちのキャリアを動かす仕事に就く。人事局長になれる裁判官はまれにみる栄達者といえる。加えて、最高裁長官が彼を事務総長に選任すれば、彼は最高裁裁判官へのほぼ確実な切符さえ手に入れたことになる。

　キャリアを順調に重ねるかどうかにかかわらず、最高裁入りを望む裁

判官なら最後の資格を持たなければならない。——それは正真正銘の生年月日である。タイミングがきわめて重要なのだ。職業裁判官に事実上配分されている6つの最高裁裁判官ポストの一つを射止めるには、そのとき60歳代前半から半ばである必要がある。それならば、70歳という最高裁裁判官の定年年齢まで、彼は少なくとも数年は務めることができる。同時に、ポストに空きができたときに若すぎてもだめなのだ。というのも、長い任期の間にその最高裁裁判官が身分の安泰なことをいいことに、最高裁の内部統制を離れて、イデオロギー的に意外な、あるいは好ましからざる行動をとって、政府を手こずらせるかもしれない。こうしたリスクを冒すことを政府は好まないからだ。近年ではほとんどの最高裁裁判官も、定年まで10年以上勤務したことはない。

例の「サヨク」氏のことを考えてみよう。彼はリベラルなので、憲法問題で政府にたてつく原告を支持する判決を言い渡しがちである。彼にとってよいニュースは、そうした行動をとっても彼が解雇されることはまずないということである。少なくとも歴史がそれを示している。裁判官がその職を追われることはめったにない。政治的あるいはイデオロギー的理由で解雇された唯一の明白な事例は、宮本康昭の一件である。彼は判事補を10年務めた後に判事への再任を拒否された。その理由は、彼が青法協として知られる中道左派の法曹グループの組織的な活動に携わっていたからだと一般に推測されている。裁判官の解雇がめったにないからといって、司法部が特定の裁判官に対して、再任を求めず、早期に退官するよう、あるいは依願退官するよう強く迫ることがないわけではない。司法部は確かにそうした行動に出るのである。そして、裁判官を退官に追い込む最も効果的なやり方は、さもなければ再任拒否されてもいいのかと本人に伝えることかもしれない。そこで、次のような疑問が当然発せられよう。他のすべての裁判官にその真意をわからせるために、いく人かの裁判官の首を切ることは必要なのかどうかと。それでも、司法部は10年の判事補の任期を終えた「サヨク」氏の判事への再任拒

否はしたくないというのが、相変わらずの本音だろう。宮本の再任拒否は、司法部ならきっと2度とごめんの辛らつな批判を招いたからである。[82]

一方、「サヨク」氏にとって悪いニュースは、以下のとおりである。司法部としては、本気で再任拒否するぞと彼を脅さなくても、彼にリベラルな判決を出させないことはできるし、彼が憲法問題に影響を及ぼさないことも担保できるのだ。人事局の好みに沿って行動しない裁判官は、人事局に協力的な裁判官と同じ機会を与えられず、また同じキャリアを歩むことはない。[83] 青法協会員裁判官が置かれた境遇をみれば、左翼やその他のイデオロギー的に従順でない者に対して司法部がいかに冷酷に対処するかがわかる。このグループ、とりわけ青法協会員裁判官が受けた屈辱については、他の研究者がかなり明らかにしている。[84] 青法協とは青年法律家協会の略称である。[85] 青法協の目的は要するに「憲法を擁護する」ことであり[86]、それが実際に意味するところは、青法協が憲法の平和条項を改憲勢力から守るということである。[87] 保守層は青法協を「共産党シンパ」[88]と変わらないとみなし、青法協のような団体に裁判官が加入するのを拱手傍観しているとして、司法部を非難した。[89] それに応えて、事務総局は裁判官に青法協から脱会するよう強く迫った。[90] これに応じた裁判官の中には、その後順調なキャリアを重ねた者も多くいる。実際に、そのうち何人かはついには最高裁判事にまでなったのであり、その1人である町田顕は最高裁長官にまでのぼりつめた。[91] しかし、脱会を拒んだ裁判官ははるかに悪い境遇に甘んじることになった。ラムザイヤーとラスムセンは、概して青法協会員裁判官はそうでない裁判官に比べて、報酬が低く、司法行政ポストに恵まれず、さらには不人気な任地にしばしば回されがちであることを、統計学的に明らかにしている。[92] 国会の定数訴訟や自衛隊の合憲性のような微妙な問題について政府に逆らう判決を言い渡す、さもなければ自民党の要求を平然と無視する裁判官も同様である。[93]

事務総局は定期的に裁判官を転所させることで、あまりに独立的であ

まりにリベラルな裁判官を巧みに退官に追い込んでいる[*94]。僻地への転所を命ぜられれば、裁判官は大都市勤務にともなうライフスタイルや快適な環境ばかりか、都市手当も失うことになる[*95]。その苦労は家族もちの裁判官にとってははるかに大きくなる[*96]。子をもつ裁判官は子どもたちをよい学校に通わせたいと願うが、それらはたいてい東京か大阪にあるのだ[*97]。そこで実際のところ、あまり人気のない任地に配属された多くの裁判官は、単身赴任でわびしい官舎住まいを余儀なくされる[*98]。そして、たとえ裁判官が自分から退官するのを拒んだところで、不人気な任地での勤務が続くことから、その裁判官がごたごたを引き起こそうにも限られたものにならざるをえない。鹿児島の家裁担当に配属された裁判官には、神経がすり減る訴訟をさばいたり、法を形成したりする機会が、東京高裁の裁判官ほど恵まれてはいまい。

　私がインタビューを行った人事局に勤務経験をもつ裁判官たちは、事務総局がより人気のある任地を特定の裁判官に割り当てることは認めた。しかし、事務総局による人事上の決定はもっと温情的で非イデオロギー的観点からなされていると説明しようとした。これらの裁判官は口をそろえて、事務総局が直面する最大の課題は任官者のリクルートだったと述べた。とはいえ、彼らが直面した次に困難な仕事は、裁判官を「励まして」２年から４年ごとに彼らが最も必要とされる任地に異動させることだった[*99]。ある（元）最高裁裁判官は、このローテーション方式をドイツのやり方よりもすぐれていると擁護した。ドイツでは職業裁判官の異動はない。彼のみるところ、ドイツではその結果、全国的に裁判所の質にばらつきが生じてしまったのである[*100]。日本のやり方はこの問題を回避していると彼は主張した。しかし、裁判官自身の犠牲を忘れてはなるまい。すなわち、慎重で継続的な職務上および地理的な配置換えの方式においては、一部の裁判官は不人気とみなされる任地への配属を避けられない[*101]。一方では、最も人気のある任地——すなわち、大都市の大規模裁判所——に勤務する裁判官には、きわめて多くの事件数を取り扱わなけ

ればならず、訴訟を迅速に処理することがなにより求められる[102]。だが、日本の大都市の大規模裁判所に最も有能な裁判官だけを集めることになれば、仕事が遅くあまり出来のよくない裁判官たちは、常に冷遇されていると感じてしまう[103]。それゆえ、事務総局は、裁判官たちに人事システムは公平であると感じさせることと、裁判官を彼らが最も必要とされる任地に送ることの間の、困難なトレードオフに直面しているのだ。――後者は、ある裁判官たちには一貫して冷や飯を食わせることを、ある程度必然化するものだ。こうした説明はなるほどもっともらしくきこえる。しかしそれは、統計的証拠にも反しているとまでは言わないが、学術的な合意を得るには至っていない[104]。識者の間の通説によれば、日本の裁判官が司法官僚制とイデオロギー的にかみ合わない行動に出るのは、よほどの覚悟の上のことである[105]。

　事務総局、おそらくより正確には人事局は次の二つの権限を備えることで、すでに保守的な司法部が保守的であり続けることをうまく保障している。しかも、政治的アクターの側からのそうした努力ないしは干渉をほとんど伴わずにである。第1の権限は上述のとおり、裁判官の出世を左右できる事務総局ないし人事局の権限である[106]。同じくらい重要な第2の権限は、事務総局ないし人事局が自らのスタッフと幹部を選べることである。建前上は、司法部での有力者のランキングは、最高裁長官、事務総長、人事局長の順となる。事務総総と人事局長は、建前上は最高裁判官会議で選任される。それは15人の最高裁裁判官全員から構成される[107]。しかしながら、日本の司法部に詳しいある識者によれば、最も有力な司法官僚は、実際には人事局長であるといってもよい[108]。加えて、裁判官会議は人事局長の人選のような人事に公式には責任を負うけれども、だれがそのポストにふさわしい候補者かを裁判官会議が決めるわけではない[109]。人事局に勤務経験のある（元）最高裁裁判官は、現実を次のように説明した。「最も有力な人物が候補者を選ぶ。だれが最も有力であるかは状況による」[110]。最高裁長官は司法部において「一般的にいって」

「最も有力な」人物であるが、しかし必ずしもそうとはいえない。彼が個人的に人事について経験不足の場合は特にそうである。[111]とりわけ人事局長ポストについては、現役局長がたいてい自分の後継者を指名する。そうでなければ、最高裁長官、「より有力な最高裁判事」ないしは事務総長がその役割を果たすだろう。[112]通例では、一握りの幹部裁判官が相談しあって、「だれがみても妥当である」結果をもたらすのである。[113]最高裁長官は、後継者選びと非公式協議のこうした過程から浮上した候補者を拒むことはできる。しかし、前出の（元）最高裁判官はまったくあっけらかんと「そのような事態を想像する」ことすらできないと述べた。[114]

司法部はどの裁判官を昇進させるかを決めるのみならず、それ自身のスタッフと幹部を人選する権限を握っている。まさにそのために、この制度は高度のイデオロギー的慣性によって特徴づけられるのである。すなわち、ひとたび特定の経路で人事が動き始めると、慣性が働くかのようにひたすらその経路に沿って人事は行われ続けることになろう。人事局のスタッフは、他の裁判官に対する人事権を用いて、彼らと同じ考え方をする裁判官を彼ら自身と同様の権限のあるポストに就ける。その結果生じる任命と昇進のパターンは、循環的で人事局自身を強めるものである。人事局に勤務する裁判官Aが、裁判官Bと裁判官Cを人事局のポストに就けるとしよう。すると次には、裁判官Bと裁判官Cが互いに出世して、ゆくゆくは裁判官Aを裁判実務の世界を少しかじった後に司法行政ポストに連れ戻すのである。宮澤と大塚裕史の言葉によれば、「事務総局に繰り返し勤務するエリート裁判官は事実上お互いに任命しあい昇進させあっているのだ」。[115]さらにもう一言加えれば、「サヨク」氏のような裁判官を、最高裁判官への出世が期待できるポストに彼らが任命し昇進させることはまずないのである。ただし、数十年にわたる職業裁判官としての勤務を通して、彼が周囲の裁判官全員に対して、その反体制的な意図を隠し続けることができれば話は別であるが。いつの日か最高裁入りするはるかな希望を抱きつつ、40年以上もその真の政治的内

意を隠しおおせる裁判官は、いてもほんのわずかだろう。最高裁長官は万一望むのであれば、理屈の上では「サヨク」氏を無名の深みから引っ張りあげることはできよう。しかし、最高裁長官がそのようなことをするとは考えられない。最高裁長官は彼自身を選り分け成長させ昇進させたシステムのイデオロギー的傾向に逆らうのではなく、それを身をもって示しているといえよう。

第2章
最高裁裁判官へのもう一つの道

　このように裁判官になってもうまくいかない現実を悟って、「サヨク」氏は最高裁に通じるもう一つのルートに望みをかけようとするかもしれない。よいニュースはもう一つのルートが確かに存在するということだ。すなわち、職業裁判官には最高裁裁判官の15のポストのうち6つしか割り当てられていないのである。[*116] 残りのポスト数からみて、司法部は最高裁裁判官候補者を探し出し推薦するにあたって、相対的に小さな役割しか果たしていない。しかも、ポストに空きができる機会は、様々な要因が絡み合って、アメリカより日本のほうが圧倒的に多い。──すなわちその要因とは、相対的に多いポスト数、70歳という定年年齢、さらに60歳代半ばの者を任命するという慣行である。[*117] 従って、1年の間に3人から4人の最高裁裁判官が交代することも珍しいことではない。[*118] 悪いニュースは、いかに「サヨク」氏がそのルートを模索しても、依然として彼は不利な立場にあるということである。リベラルな考えの持ち主が職業裁判官のキャリアパスとは別の経路で最高裁裁判官を目指しても、そこにはそれぞれ固有の落とし穴や制約がある。それらを順にみていこう。

① 検察官経由

　「サヨク」氏は裁判官としてキャリアを積み上げても、最高裁裁判官

になれないことはほぼ確実である。それ以上に、法務省の検察官になったとしても、最高裁に到達することはおそらくできまい。日本の検察官は、裁判官よりはるかに保守的だと言われている。検察官出身者には二つの最高裁裁判官ポストが割り当てられているが、実際には、この二つのポストにだれを就けるべきかについては、法務省が最高裁長官に推薦する。だれに聞いても、最高裁長官と事務総局はその推薦された人物に対しては、それを首相に伝える前にあまり精査はしないという。法務省から推薦された人物を最高裁長官と事務総局が精査すべきさしたる理由もみあたらない。司法部からみて、法務省は信頼できるパートナーなのである。第二次大戦以前には、司法部は司法省の統制と管轄の下に置かれていた。日本国憲法が司法権の独立を謳ったにもかかわらず、この二つの組織は密接な結びつきを続けてきた。判検交流とよばれる長年の慣行、これは検察官の20％までが裁判官として勤務し、裁判官もまた検察官を経験する人事交流を指しているが、この判検交流は共通の見解や考え方を巧妙に涵養する仕組みになっている。法務省から判検交流に出されて裁判官を務める者は保守的で、職業裁判官と同じ思考様式をとると言われる。私のインタビューに応じてくれた人びとは例外なく、最高裁におけるイデオロギー的仕切り線を論じる際には、職業裁判官出身者と検察官出身者を一まとめにしていた。法廷で政府を弁護してきた元検察官がひとたび裁判官席にすわると、政府寄りの傾向を常に示してしまうとしても、ほとんど驚くに値しない。

　要するに、事務総局の幹部裁判官より法務省の幹部官僚をだますほうがたやすいと考える理由が「サヨク」氏になければ、最高裁入りするために彼が検察官の道に進むことはなかろう。

2　弁護士経由

　「サヨク」氏は弁護士になった方が、司法部や法務省を経由するより

最高裁裁判官への近道だと考えそうである。伝統的に、日本の弁護士は相対的に左寄りの人びとの集まりである。「基本的人権の擁護」と「社会正義」の追求は、全く文字どおり、日本の弁護士全体の公式の目標であり責務である。その上、日本の弁護士はきわめて小規模な法律事務所に勤務し、自立を誇りとしている。──言い換えれば、官僚的メンタリティの正反対に位置づけられる。日本の弁護士のこのような特徴は、弁護士から最高裁入りした裁判官の行動にある程度反映されている。私がインタビューした（元）最高裁裁判官たちは口をそろえて、概して弁護士出身の最高裁裁判官は職業裁判官や検察官出身の最高裁裁判官に比べてよりリベラルで、反対意見を表明しがちであると述べた。出身が対照的な２人の（元）最高裁裁判官──概してリベラルな弁護士出身者と概して保守的な職業裁判官出身者──は、ほとんど正確に同じ言葉で、この二つのグループ間にみられる意見の相違を特徴づけ説明してくれた。すなわち、数十年にわたる裁判実務の経験によって、職業裁判官出身者は「安定」に重きを置き、一方で弁護士出身者は人権の擁護と「世界はいかにあるべきか」をより強調したがると。

　法務省が元検察官を最高裁裁判官候補者として推薦するのと同様に、日弁連とその傘下の単位弁護士会が、弁護士出身者に割り当てられている４つの最高裁裁判官ポストに候補者を推薦する。弁護士枠で任命されたある（元）最高裁裁判官は、日弁連が候補者を推薦する過程を次のように述べた。日本の５つの主要な単位弁護士会──東京弁護士会、第一東京弁護士会、第二東京弁護士会、大阪弁護士会および京都弁護士会──の各々は、意見を聴取して候補者を選ぶ。歴史的にみて、候補者はたいていの場合、当該の単位会の会長あるいはそれに準じる高位のポストにある弁護士だった。しかし、このパターンは近年若干崩れつつあるようだ。東京三会の間で、弁護士は自ら選んでいずれかの単位弁護士会に入る。そしてこのことは、全体的な職場環境やイデオロギー的特徴において東京三会の間で「大きな相違」をもたらしている。東京弁護士会

はとりわけ、(東大および京大と対抗する存在である) 私大出身者を多く抱えており、それゆえよりリベラルな雰囲気があると言われる。一方で第一東京弁護士会には、大規模事務所をかまえる幾分より保守的な傾向のある弁護士が多くを占めている。[132] 東京三会の間にこうしたイデオロギー的相違があることは、最高裁の人的構成の永続的な変化に間接的に寄与してきた。この点はのちに説明する。

　日弁連は単位弁護会からの候補者推薦を受けて、最高裁判所裁判官推薦諮問委員会を開催し、そこで候補者はほぼ３人に絞られる。[133] この絞られた候補者リストが司法部に提出され、その後司法部が１人ないし２人を選んで首相に推薦する。[134] どの場合でもだれを候補者にするかにあたって、日弁連が腐心するのは各地の単位会のバランスを保つことである。このルールは非公式のものではあるが、東京三会と大阪弁護士会はそれぞれ、最高裁に少なくとも１人は送り込めるものと期待している。名古屋弁護士会と神戸弁護士会〔訳注：現・兵庫県弁護士会〕は最後の１ポストを得ようと時に争うことがある。[135]

　人事局の勤務経験者たちは、日弁連の推薦は当然のものとして受け入れられるし、司法部は単位弁護士会がその候補者を選定する過程に介入ないし干渉しないと指摘した。しかし、だれを最高裁裁判官に任命すべきかを日弁連が自由に決められると結論するなら、それは単純すぎよう。単位弁護士会が公式にその候補者を決める前に、事務総局と相談し交渉していることはだれも否定しない。そのような議論を通じて、司法部は受け入れがたい人物を候補者にするのを避けることができる。それぞれの単位弁護士会の指導部は、だれを選ぶことができるかについて不文の制約があることを自覚している。候補者はあまりにリベラルであってはならず、また論争的な問題をめぐって、政府の感情を害するような公的声明に賛同した過去をもっていてもならない。[136] 候補者を出そうという単位弁護士会は次のことを自覚している。もし司法部に受け入れがたいことが明白な候補者を推薦すれば、候補者を拒否されるばかりか、その単

位会自体が信頼を損ない、今後の候補者推薦に対する影響力を失いかねないと。[137]日弁連の推薦が常に最高裁長官によって受け入れられているとすれば、それは日弁連が注意を払って、最高裁長官が受け入れられる候補者しか推薦しないためなのである。

「サヨク」氏にしてみれば、弁護士になれば、彼自身のようなリベラルな考えの持ち主でも最高裁への道が開けると期待していよう。彼が競争しなければならない弁護士がきわめて多くいることを考えれば、彼の勝ち目はもちろん薄い。それでも、彼が開業してキャリアを積み、同業者との親交を注意深くはぐくみ、あからさまにリベラルな態度をとることを公的には慎み、東京三会のいずれかでの要職にのぼりつめるならば、「サヨク」氏にも最高裁入りする芽があるかもしれない。だがあいにくなことに、弁護士会が最高裁にリベラルな影響を与えかねないことは司法部にも明らかなので、司法部は常に対応策を講じてきた。すなわち、最高裁の人的構成を変えることで、司法部は弁護士会とりわけ比較的リベラルな東京弁護士会に対して優位を保ってきた。

公式のあるいは法的な取り決めがあって、最高裁裁判官の15ポストが特定のやり方で法曹界の各部門に配分されているわけではない。しかし、ある割当ての慣行が最高裁の黎明期にすでに確立されたのだった。1947年の最高裁の発足当初、最高裁の人的構成は6人の職業裁判官、5人の弁護士、1人の検察官、1人の法律学の教授、1人の元行政裁判所長官、そして1人の外交官からなっていた。[138]まもなく、最高裁裁判官の15ポストは異なる三つのグループに均等に配分されるのが望ましいとされた。すなわち、5ポストは「司法官僚」(裁判官と検察官を包含するカテゴリー)に、5ポストは弁護士に、さらに5ポストは学識者、官僚、および何らかの意味で「知識人」とおおまかに分類される人物に、というわけである。伊藤博は次のように指摘する。[139]「これらグループの間での均等な比率は、それぞれのグループにとってほとんど既得権とみなされるようになった。最高裁裁判官に空きができるときまって、そのポス

トを失ったグループが、あたかもその空きを埋める資格が当然与えられているかのようにふるまった」。[*140]

　オブライエンと大越康夫によれば、最高裁裁判官のポスト配分をめぐる現在の慣行は、職業裁判官6、弁護士4ないし5、行政官2でそのうち1は外交官、検察官1ないし2、そして法律学の教授1である[*141]。本稿執筆時点では、最高裁裁判官の実際の構成はこの不文のルールに完璧に合致している。すなわち、職業裁判官（竹﨑博允長官を含む）6、弁護士4、検察官2、法律学の教授1、行政官（最高裁裁判官の中で唯一の女性）1、そして外交官1という構成になっている[*142]。ポストの実際の配分はときどき変動する。たとえば、2003年4月から2006年3月までは、最高裁には3人の行政官出身者がおり、裁判官および検察官出身者はあわせて7人しかいなかった。

　しかしながら、最高裁の人的構成を一つ変えることで、永続的で作為的な変化がかつてもたらされた。1958年、田中耕太郎長官の下で、2人の弁護士枠の最高裁判事が退官した。しかし、うち1人だけが弁護士枠から補充され、もう1人は職業裁判官枠に振り替えられた[*143]。この変化の本当の理由をめぐっては議論のあるところである。ある（元）最高裁裁判官によれば、表向きの理由づけは最高裁の各小法廷の構成に関係があるというものだった[*144]。最高裁は三つの小法廷に分かれ、その各々は5人の裁判官から構成され、各小法廷が最高裁に上告される大多数の事件を取り扱う[*145]。まれで非常に重要な事件だけが、15人の最高裁裁判官全員がそろう大法廷で審理される[*146]。裁判官は小法廷間を異動することはない[*147]。また小法廷は事件の種類で専門に分かれているわけでもない。すべての小法廷が刑事事件も民事事件も審理することになる。そこで主張されたのは、各小法廷には刑事および民事の専門家をそれぞれ最低1人ずつは所属させるべきであるということだった。職業裁判官出身者の数を5から6に増やせば、各小法廷に刑事裁判官と民事裁判官1人ずつを所属させることがおそらく可能になろう。

この説明を私にしてくれた同じ（元）最高裁裁判官はまた、それを全く説得力がないともみなしていた。彼が強調したところでは、最高裁に職業裁判官出身の裁判官を全部で6人にしたところで、実際には、すべての小法廷に刑事裁判官と民事裁判官が1人ずつ所属することにはならない。最高裁長官はこれら6人に含まれるが、彼は慣例として所属する小法廷の審理に加わらないのである。[*148] 彼が実際の判決に関与するのは、大法廷の裁判長としての場合に限られるのだ。従って、小法廷のどれか一つは4人の判事で運営されており、4人のうちの1人だけが職業裁判官出身者なのである。ところが、4人構成の小法廷が他の二つの小法廷より事件処理能力で劣っているとする深刻な指摘、ないしはゆゆしき疑念はついぞ表明されてこなかった。

　この（元）最高裁裁判官は自分の考えを次のように述べた。すなわち、最高裁の人的構成について、前述の永続的な変化が生じたのは、ある人物ないしグループ——おそらく田中長官であって、彼は保守派傾向が強いことで知られていた——が、最高裁からリベラル派を追放して保守色を強めるためだったと。弁護士枠を一つ減らして職業裁判官枠を一つ増やすことによって、最高裁はイデオロギー的に大きく変わることになった。というのも、全体からみて、職業裁判官出身者と検察官出身者が一般に最高裁で最も保守的な裁判官である一方、弁護士出身者と学者出身者は一般に正反対の立場にあるからだ。[*149] 加えて、変化の矛先はとりわけ東京弁護士会に向けられた。東弁は以前には最高裁に2ポストをもっていたが、その後は1ポストに減らされることになったのだ。[*150] 最高裁にポストを慣例的に得ていた各単位弁護士会の中で、東弁はかなりリベラルとの評判を得ている。[*151] この（元）最高裁裁判官は、東弁のポストが1に減らされたのと同時に、東弁が最高裁の保守的な判決に批判を口にしはじめたのは、単なる偶然の一致ではないとみている。[*152]

　最高裁の人的構成がこのように変化したために、「サヨク」氏のようなリベラル派の最高裁入りするポスト数が減らされたばかりか、「サヨ

ク」氏のようなリベラル派がたまたま最高裁に入ったとしても、必ず数で負けてしまうだろう。その（元）最高裁裁判官いわく、最善のシナリオの下でさえ、最高裁のリベラル派裁判官は保守派裁判官に数で勝てないだろう。せいぜい、リベラル派には7票しか集まらず、一方保守派は少なくとも8票は必ず集めることができる。リベラル派が7票を集めることさえ、4人の弁護士出身者と法律学の教授出身者がイデオロギー的に結びつかなければならないし、さらに2人の行政官出身者もこれに加わらなければならないのだ。こんなことははなからありえない。彼ら行政官には当然、日本官僚制の地金がたたきこまれている。加えて、下記で論じるように、彼らは自民党が最高裁に送り込んだのだから。[*153]対照的に、6人の職業裁判官出身者と2人の検察官出身者はいうまでもなく保守的であり、たとえ彼らが行政官出身者から支持を取りつけることができなくても、すでに彼らは過半数を握っている。

③ 行政官経由

　最高裁裁判官の二つの行政官枠には一定の条件がつく。たいてい、2ポストのうちの一つは外交官出身者から選ばれる。[*154] 1ポストを外交官に委ねるには十分な理由がある。条約解釈や国際法をめぐる問題に専門知識のある人物を起用するのを、最高裁は有用だとみているのだ。[*155] もう1ポストは内閣法制局長官経験者、ないしは学部では法律を学んでいるかもしれないが、法曹実務の経験がほとんどあるいはまったくない人物に回される。[*156] このポストはまた女性が占めたことのある唯一のポストである。──直近では、元労働省の官僚だった櫻井龍子判事がそれにあたる[*157]〔訳注：その後、2010年4月に岡部喜代子判事が学識者枠で、2013年2月には鬼丸かおる判事が弁護士枠で就任して、現在では15人中3人が女性判事になっている〕。

　この章の目的から、最高裁裁判官として勤務する元行政官について、

二つの重要な点に留意しておく必要がある。第一に、彼らはたいていさほどリベラルではない。[*158]その職業的背景や経歴に基づいて、彼ら元行政官の最高裁裁判官のイデオロギーをこのように一般化したところで、もちろんはっきりした例外もある。たとえば、2005年に最高裁判事を退官した元外交官の福田博は、ほとんどきまって少数意見になるとはいえ、1票の価値の平等をはっきり主張する裁判官として知られていた。[*159]もっといえば、職業裁判官出身の最高裁裁判官がそろいもそろってごりごりの保守派であるというわけでもない。人事局長および事務総長を歴任し最高裁判事を最近退官した泉徳治は、最高裁判事就任後、驚くほどリベラルな意見を繰り返し表示したと報じられた。[*160]しかし、そのような人物はまさに例外である。そして、本稿が示そうとしてきたように、ありとあらゆる理由から、そのような人物がもっと多く最高裁入りすることはないのである。

　留意しておくべき第2の点は、行政官出身者は憲法が想定する手続きどおりに実際に選ばれる唯一の最高裁裁判官である、ということだ。すなわち、彼らは内閣によって選ばれるのである。[*161]ある（元）最高裁裁判官はおそらく皮肉をこめてこう指摘した。だれを任命するかを実際に決めるのは最高裁長官だけであるとする見方は建前にすぎないと。[*162]むしろ、建前にみえる、憲法の条文に謳われていることが、実はそのまま真実なのである。すなわち、内閣が最高裁長官に内閣が任命したい候補者を諮り、最高裁長官が正式にその氏名を首相に伝え、そののち内閣は自らの人選を承認するのだ。[*163]

　というわけで、「サヨク」氏のような異質のイデオロギーをもつ者が法務省あるいは司法部それ自体ではなく、行政官としてのキャリアを伝って最高裁入りする可能性もほとんどない。彼がこのルートをとるのであれば、彼は次のいずれかの方法で、わずかなチャンスをふくらませるほかないだろう。つまり、大使に将来なることを望んで若き外交官として外務省に入るか、あるいは、内閣法制局長官になんとかしてのぼりつ

めるかである。とりわけ、彼はあまたいる候補者の中から、自民党によって直接選ばれなければならない。そして、自民党は最高裁判官にリベラル派を任じることはないのである。

4 法律学の教授経由

　これまでは、法律学の教授が最高裁入りを果たす過程についてほとんど論じてこなかった。ヘイリーは、他の最高裁裁判官ポストと同様に、その過程は比較的定式化されており、その候補者には狭い範囲の者しか該当せず、結局のところ最高裁長官には裁量の余地がほとんどないと主張してきた。[164] しかし、私自身の調査によれば、その過程は比較的場当たり的であまり定式化されておらず、その過程を導く非公式のルールや取り決めもない。それゆえ、最高裁裁判官の法律学教授枠ほど、最高裁長官がその人選に大きな裁量をもっているポストはない。

　このように、法律学教授枠に定式化された人選の進め方がないのは、学者がそのポストに任命されるのが比較的不定期なためであり、また、日弁連や行政官庁に相当する公的な組織が法学者には存在しないためでもある。法学者にもそのような組織があれば、候補者を絞り込むのに必要な手続きがつくられたことだろう。元法律学の教授のある（元）最高裁裁判官は、自分が任命された過程を自分があずかり知らぬ「ブラックボックス」だと述べた。[165] 事務総長と人事局長の勤務経験をもつまた別の（元）最高裁裁判官は、法学者のうちでだれが任命されるかは「ケース・バイ・ケース」だと指摘した。[166]

　それでも、この（元）最高裁裁判官はこの過程についてやや詳しく述べてくれた。彼はその過程全体を、事務総局が実質的な役割を果たす、「未発達」ではないにせよ、未完成の過程と特徴づけた。[167] 内閣にちょうど意中の候補者があれば、内閣はその選択を行うにすぎない。もしそうでなければ、内閣は司法部に人選を依頼し、そうすると人選は最高裁長官の

肩にかかってくる。最高裁長官は事務総局に候補者の当たりを付け評価を行うよう依頼するのである。そのような場合に、その仕事の大半は人事局長が引き受けることになる[*168]。そこで人事局長は、明確な行程表なしに協議と評価を行う必要に迫られるものとみられる[*169]。この（元）最高裁裁判官の見方によれば、対象範囲を限定し、潜在的な候補者を育てる制度的構造がすでにあるわけではないので、事務総局は最高裁裁判官の他の枠で空きポストを埋める場合より範囲を広げて、法律学の教授の人選に取りかからざるを得ない。

　なるほど、候補者の対象範囲は年齢、評判、さらには専門領域によって、いくらか狭めることはできる。やはり人事局長だった別の（元）最高裁裁判官は、民法、刑法、行政法、そして条約解釈といった、最高裁にとってとりわけ価値のあるはっきりした専門領域を専攻している学者に、対象者は絞られるようだと述べた[*170]。彼はまた、事務総局が、退官する法律学教授枠の裁判官自身に後任にはだれがふさわしいか助言を求めるらしいとも指摘した。しかし、私がインタビューした裁判官および研究者が一様に主張したのは、法律学教授枠に対して、だれがみてもこれしかないという人選を確認することは、時が経つにつれてますますむずかしくなっているということだ。約20年前、団藤重光と伊藤正己は東大法学部教授としてきわめて高名であり、最高裁が彼らを選ぶのになんのちゅうちょもなかった。対照的に、今日における日本の法学者といえば[*171]、候補者の範囲がより拡大されより複雑になり、より多様になっているので、そこから、だれがみてもこれしかないという人選がなされることは期待すべくもない[*172]。

　最高裁裁判官となった法律学の教授は概して、比較的リベラルで独立心が強いと言われてきた[*173]。日本の法学界が左寄りであることを考えれば、このことは驚くに当たらない。しかし、司法部が彼らの影響力を弱めることは困難ではない。司法部によるそのための単純で効果的なやり方は、法律学の教授ポストを一つに限定してきたことだった。もう一つのやり

方は、あまりにリベラルな候補者を選ばないことだった。最高裁長官および事務総局が許容しえないほど左がかっている教授は、最高裁入りを望みえない。人選に携わる保守的な幹部裁判官たちは実質的な裁量権をもち、またますます広範な候補者を抱えている。彼らには、最高裁を左傾化させることが人生の目標である筋金入りのリベラルを任命させない動機も力量もあるのだ。最高裁入りするためには、「サヨク」氏のような人物はこれら門番たちを欺く以外にやりようがなく、彼が学界の中のキャリアを通じてそうすることはきっとたやすいことではなかろう。どうすれば、彼が定評のある、そして最高裁ににらまれかねない業績を挙げもせずに、学者として十分に著名になれるというのか。学究としての彼の義務と責任は、彼の意見を表明することであり、それを秘匿することではない。しかし、そうすることで、彼はあの最高裁の門番たち全員に、彼は最高裁の門の外に閉め出す必要があるという警告を与えてしまうだろう。

第3章
最高裁裁判官に対する制度的圧力

① 時間の制約——その１：すぐにやってくる退官

　たとえ「サヨク」氏があらゆる不利をしのいで、最高裁裁判官になったとしても、彼は日本の憲法体系に革命を起こす、ないしは、最高裁をその長いまどろみから目覚めさせることは依然としてできないだろう。その代わりに、彼は自分の影響力を十分発揮させえない一連の要求と制約の下で、執務せざるを得ないことを自覚するのである。彼はまた、ある（元）最高裁裁判官が悲しげに述べたように、日本の最高裁が「もう一つの官僚機構にすぎない」ことに気づくだろう。[174] いかなる官僚機構でも、その制度のルールと実践によって、そのメンバーの見解と行動が形成されると考えられる。確かに、ある意味では裁判官が最高裁を形成しているというよりも、最高裁が裁判官を制約しているといってよかろう。

　先に論じたように、「サヨク」判事が遭遇すると思われる第一の問題は、彼が数の上で不利であることだ。すなわち、最高裁裁判官を任命する過程とそのポストが配分されるやり方を通じて、リベラル派が最高裁の多数派を形成することはまずできない。第二の問題は、彼が目標達成に必要な原点的資源を欠いていることである。彼に明らかに欠けている重要な資源は時間である。彼が何を達成したくても——そして、最高裁の憲法体系を変革しようという目標はあまりに野心的であるが——彼にはそ

のためのわずかな時間しかない。最高裁裁判官は70歳の定年近くになって任命される[175]。最高裁裁判官としての平均勤続年数は、1940年代から1950年代の8年以上から、1990年代の約5年半へと短くなっている[176]。

　最高裁裁判官の在職期間にはばらつきがあるのも、それが全く無作為とは思われない。むしろ、歴史的に示唆されるのは、リベラル派と目される裁判官が最高裁に過大な影響力を及ぼさないように、慎重な努力が払われてきたということだ。その前歴からみてより独立的に行動しそうな裁判官――すなわち、弁護士出身者――は、より高齢で任命されるようだ。1947年の最高裁発足から今日に至るまで最高裁裁判官の在職期間をみると、職業裁判官出身者は平均7年であり、行政官および検察官出身者は6.9年であるのに対して、弁護士出身者は5年にすぎない[177]。弁護士出身者とそれ以外の前歴をもつ裁判官の在職期間のこの差は、統計学的に有意である[178]。このパターンと一致して、直近の弁護士出身裁判官である宮川光治は、2008年夏の任命時に66歳だった。これにより彼は4年以上在職することはできない。

　法律学の教授出身裁判官の平均在職期間はほぼ7.5年だった。しかし統計学的にみて、彼らはもはや弁護士出身裁判官以外のどの出身枠の裁判官より長く在職していない[179]。その上、法律学の教授枠について今後は、より定年年齢に近い者が任命されると予想される。人事に経験豊富なある（元）最高裁裁判官によれば、現在の目標は5年より長く勤務しない法律学の教授を任命することだそうだ[180]。彼の説明によれば、その理由は、もしある最高裁裁判官が「不人気な」立場を取ったり、訴訟を「国民に支持されない」やり方で裁いたりすると、国会あるいは内閣にはほとんど手の施しようがないためである[181]。そのような立場を取る最高裁裁判官があまりに若くして任命されると、その結果生じる事態を「変えることは困難」だろう[182]。反対に、問題があるかもしれない裁判官をより高齢で任命すれば、たとえこのトラブルメーカー含みの者が任命過程をすり抜

けても、その裁判官はすぐに退職しなければならないのである。

　この（元）最高裁裁判官による内情に通じた説明は、ラムザイヤーとその共著者によってなされた説明をまさに裏づけている。ラムザイヤーらはこう主張したのだ。最高裁裁判官を短い期間しか在職させないのは、裁判官の首を切れない裁判所に対して政治的イデオロギー的統制を行き渡らせるための、熟慮された戦略なのだと。そのような戦略は、最高裁裁判官がやがてイデオロギー的に立場を変える可能性を減じるばかりか、ある特定の裁判官が逸脱するコストを抑える。アメリカの共和党あるいは民主党と違って、自民党は常にではないにせよ、ほぼいつも政権党であることは自明である。ラムザイヤーらが主張するには、アメリカの共和党あるいは民主党には、与党時に比較的若い連邦最高裁判事を任命する相応の動機がある。それは、次の選挙で野党が政権を握り、その政権中に裁判官ポストが空いた場合、もっと手を焼きそうな裁判官が任命されないようにするためなのだ。しかしながら、この戦略は、裁判官が当初から期待通りの行動をしない、ないしは時が経つにつれてイデオロギー的立場を変えるリスクを避けられない。対照的に、自民党は政権交代によって他の政党が将来の空きポストにリベラル派裁判官を起用することを心配しないですむ。それゆえに、自民党はアメリカの場合と違って、在職期間の短い裁判官を任命する戦略を取ることができるのである。

　「サヨク」判事には最高裁の憲法体系を変革しようにも限られた機会しか与えられないが、この機会は次の事実によってさらに減らされよう。すなわち、原告に法的変革をもたらす準備と決意がある、憲法上影響力の大きい訴訟は、最高裁レベルでさえも日本では比較的まれなのである。ある（元）最高裁裁判官はその同僚についてこう述べた。純粋な憲法訴訟があまり提起されないのは、最高裁裁判官の在職期間の短さと相まって、「彼らが憲法訴訟で信頼を得るまでに、彼らは退職せざるを得ない」からだと。

2　時間の制約──その２：過剰な仕事量

　しかしきっと、「サヨク」判事はこう考えることだろう。このニュースには希望の光が差している。すなわち、憲法訴訟が少ないことで、もっと多くの時間とエネルギーを上告される訴訟に注いで、それぞれの訴訟を最大限に利用することができるのではないかと。ところがそうはならないのだ。こうした意味でも、「サヨク」判事はその目標達成に必要な時間が足りないのである。すなわち、日本の最高裁裁判官の仕事量は圧倒的に多い。2006年の最高裁の新受件数は民事・行政事件で7180件、刑事事件で4293件だった。従って、その新受件数の総数はアメリカ連邦最高裁のそれとさして変わらない。しかし、アメリカ連邦最高裁とは異なり、日本の最高裁は事件を審理するか否かの裁量権をほとんどもっていない。1996年に全文改正された民事訴訟法は、上告受理の申立てがされた事件を受理するかどうかについて、部分的な裁量権を最高裁に認めたが、しかしこれらの改革は不完全であり効果的でなかった。加えて、刑事訴訟および行政訴訟においては対応する改革はなされなかったのである。さらに悪いことに、刑事訴訟法における、重大な事実誤認などの事由でなされる、時間のかかる上告審の職権破棄を期待して上告申立てがなされうるし、またたいていなされるのである。

　正味の件数としては、日本の最高裁は年間およそ１万件の訴訟を処理しており、その大部分は事実に関する記録の精査のみに基づいて決着がつけられる。このことは実際には次のことを意味する。通常の勤務日において、小法廷はそれぞれ１日に８件から10件を処理しなければならない。ある（元）最高裁裁判官が指摘したように、最高裁の開庁日を年間でおよそ300日と仮定すれば、１日10件がより現状に近い数になる。これら訴訟のおよそ半数は、実際に評議にかかる。これには時間が取られることもある。比較的やさしい事件でさえ、１〜２時間は評議され、

むずかしい事件となれば小法廷の裁判官たちが5時間ないし6時間も評議を尽くすこともまれではない[198]。大法廷に回付される事件ははるかに時間がかかる。それは、そのような事件の困難さと重要さのためばかりか、15人全員が審理に加わるためでもある[199]。評議が不要と判断されたときには、小法廷は時間を節約して、文書を持ち回って事件を処理する[200]。そして調査官は八方手を尽くして、おびただしい数の定型例文を判決・決定のために用意するのである[201]。しかし、そのような補佐機構の助けを借りても、最高裁の仕事量は依然として他国の最高裁に比べて信じがたいほどである。比較のために、2006年にアメリカ連邦最高裁は68件に判決を言い渡しただけであり、カナダの最高裁のそれは59件にすぎない[202][203]。

驚くべきことに、最高裁は提訴後2年以内にすべての民事および刑事事件のおよそ98％をなんとか処理している[204]。しかし、行政事件ははるかに時間がかかる傾向にある。すなわち、89％だけが2年以内に片付き、その比率は近年下がりつつある[205]。最高裁は最近、行政調査官——すなわち行政事件を専門とするロー・クラーク——を増員した。しかしそれでも、行政事件の新受件数が増えその複雑さが深まることに対応できていない[206]。何人かの（元）最高裁裁判官は、取扱件数があまりに多いので、憲法問題が提起されても、最高裁がそれに適切な注意を払うことはむずかしいとみている[207]。こうした未決訴訟処理にかかわる重圧は、「サヨク」判事にとって明らかな困難をもたらす。すなわち、もし彼が日本の憲法体系を左傾化させるとすれば、彼はその価値のある事件を探し出し、その事件を十分吟味する時間を見いださなければならないだろう。しかし、時間は有限であって、彼にその余裕はない。

③　マンパワーの制約：裁判官と調査官の逆説的な関係

「サヨク」判事はこれらの障害を克服できないものとは考えないかもしれない。たとえ彼が少数派であっても、彼はきわめて説得力のある意

見を書くことで、同僚の裁判官の意見を変えようと努めるだろう。それに失敗しても、後世の訴訟当事者や法曹が依拠することになるかもしれない、影響力のある補足意見や反対意見を知的遺産として遺すことを彼は狙うかもしれない。しかし、過剰な仕事量と間近に迫った定年退官に直面しながらそうするためには、彼は援助を、それもたくさんの援助を必要とするだろう。個別意見を表明しようとする裁判官は、わずか3週間から1か月でそれを作成しなければならないからだ。*208「サヨク」判事に、あまりにも少ない味方、あまりにも多い事件、そしてあまりにも少ない時間が同時に重圧として襲いかかる中で、彼が期待できる唯一の明らかな解決策がある。——すなわち、自分自身に割り当てられたロー・クラークに頼るというアメリカの由緒ある伝統である。

　もちろん、ここが日本であることを割り引く必要がある。従って「サヨク」判事には自分が意のままに指示できるロー・クラークはいない。調査官は特定の最高裁裁判官に付いているわけでも、その裁判官のために働いているわけでもない。そうではなくて、すでに指摘したように、彼らは最高裁全体のために働くものとして、事務総局によって選抜された出世コースにある裁判官なのである。*209 伊藤博が指摘しているように、彼ら調査官は「実務裁判官として10年ないし20年の経験と専門知識を備えた最も有能な職業裁判官に属し」、一方で最高裁裁判官自身は「かなり高齢であり」、「過剰な仕事量」にさらされ、多くの場合「それ以前に裁判官としての経験に乏しい」。*210 加えて、調査官はたいてい少なくとも3年間は勤務する。*211 このことは実際には、調査官は最高裁裁判官の多くより最高裁で豊富な経験をもつことになる。要するに、調査官は彼らが名目上仕える最高裁裁判官にとりわけ物怖じあるいは恩義を感じることは、まずないのである。

　調査官制度は多くの点で、最高裁が直面する訴訟負担の重圧に対する合理的対応である。現在、最高裁には37人の調査官がいる。*212 彼らは得意とする専門知識に従って、三つのグループに分けられる。17人は民

法を、10人は刑法を、9人は行政法を専門としている。民事担当の調査官には、知的財産問題を扱った経験がある者が何人かは入るように配慮されている。最高裁裁判官の中には、調査官とかなり頻繁に意見が一致しないと嘆いたり、彼らとのたび重なるむずかしい関係を口説いたりする者さえいる。そんな最高裁裁判官たちでも、調査官は「まちがいなく自信に満ちあふれて」いる「エリート裁判官」であり、「能力」の点で掛け値なしの「精選された人びと」である、などとして、渋々一目置いている。

　調査官は、階層制をとるはっきりした上命下服の構造に組み込まれ、それ独自の決定作成手続きに従っている。ある訴訟が最高裁に届くと、それは該当する調査官グループ——民事、刑事、あるいは行政——に送られ、その後グループの中で担当する調査官に割り当てられる。同時に、上告事件はまた三つの小法廷のいずれかに配点され、小法廷で主任裁判官が決められる。従って、主任裁判官である裁判長裁判官が、担当する調査官にだれがなるかを決めるのでない。他国のロー・クラークならばおなじみの法廷メモに類する、訴訟についての「事件メモ」を準備するのが調査官の責任となる。すなわち、そのメモには原告被告双方の主張の要約、事実関係（刑事事件では膨大な分量になることもある）の要約、関連法規の解説、さらに判決原案が含まれている。

　当該の訴訟あるいは下級審の判決に重要な争点がある——たとえば、最高裁判例との不一致の可能性あるいは憲法問題——との結論に調査官が達すれば、その調査官は当該訴訟をめぐるグループ討議を求めることになる。これらグループ内での会合は少なくとも月に1度は開かれるが、開催頻度は必要に応じて変わる。調査官報告書はグループ討議の結果を反映するものになろう。調査官は首席調査官と上席調査官によって統括される。首席調査官が全調査官の長であり、上席調査官は各グループの長である。首席調査官は往々にして、30年から35年の勤務経験を積んだベテラン裁判官である。首席調査官には、たいていすでに地裁所長と

しての、さらには高裁判事としての勤務経験がある。[225]首席調査官を務めることは、高裁長官へ至る、一番最後のステップではないにせよ、最終のステップの一つである。[226]上席調査官はたいていおよそ20年の勤務経験をもつ、前途洋々たる裁判官である。[227]地裁所長になる直前に上席調査官に命じられることがよくある。[228]たいていの場合、首席調査官および上席調査官は、他の調査官の実質的な仕事内容に立ち入ることはない。[229]しかし、彼らはグループ討議をまさに主導し、その場合には、調査官が書く報告書が最高裁裁判官に回覧される前に査読もする。[230]首席調査官にはその配下の調査官の仕事ぶりを評価する責任もある。[231]

　実質的にみて、調査官はアメリカやカナダのロー・クラークより影響力があり、自信に満ちており、独立的である。彼らの自信と影響力の大部分は、彼らの経験、能力、さらには裁判官として栄達を遂げてきたことに由来する。一方で、彼らが最高裁裁判官から独立しているのは、次の事実による。すなわち、彼らは自分自身のリーダーシップを発揮できるのであり、また彼らが栄達を続け出世を見通すにあたって気にすべきは事務総局であって、彼らがたまたま仕事をともにする最高裁裁判官ではない、ということだ。これは次の事実によっても支持される。つまり、ある最高裁裁判官が重要な訴訟で調査官と意見が合わない場合、その裁判官は単に1人の調査官とだけではなく、調査官グループ全体と意見が合わないのである。もちろん、彼らはその道の専門家であって、グループ全体としても個人的にも、その最高裁裁判官より実務経験を積んでいたりするのだ。

　この仕組みは、意図されたものかどうかはともかく、最高裁の判決と判例を間接的にコントロールする手段を事務総局に与えてきた。加えて、最高裁裁判官が司法部で主流となっている考え方から逸脱しようとするのを押しとどめる効果もある。意見の表示では保守的な意見に与することが多い、ないしは自分自身が調査官だった（元）最高裁裁判官たちでさえ、こう認めている。調査官はその役割を会得していくにつれて、保

守的にさせられると。この点に共鳴する評者によれば、調査官がその責任と考えているのは、最高裁の判決などを最高裁の従来の判例と必ず一致させることである。調査官は判例からはずれる起案を遠慮なくできるとは思っていないし、実際にそうした逸脱を思いとどまるのだ。調査官のこの考え方が悪いとはだれも感じていない。そしてあらゆる示唆からすれば、考え方こそ事務総局が調査官を人選する際に積極的に評価するものである。

　一般的にみて、司法部の正統な法理論の守り手である事務総局が、調査官に引き上げようとする裁判官の見解に、直接的にせよ間接的にせよ注意を払わないはずはなかろう。私がインタビューした裁判官はみな、事務総局は最高裁のイデオロギー的傾向に影響を及ぼすために、保守的な調査官を慎重に選んでいるのではないかと考えていた。とはいえ、実際により近いと思われるのは、事務総局のイデオロギー的規範がより間接的であまり明示的なかたちをとらずに、調査官の選抜に影響を及ぼしているということである。そしてその結果、調査官の見解は事務総局のそれを反映しがちになる。調査官はエリートコースに乗っている裁判官であるから、当然彼らは事務総局の満足のいくように行動してきた。すなわち、彼らは事務総局から信用されるために、安心して任せられるとみられることを常に考え、イデオロギー的規範から逸脱する行為にはいささかもかかわらずに仕事に励んできたわけである。調査官はどのように選ばれるのかについて現場に詳しい人びとの議論が一致する限りでは、その唯一の基準は事務処理能力であり、それは最高裁の過剰な仕事量が必然的に求めるものだという。しかしながら、裁判官の事務処理能力の評価は、評価対象の裁判官が評価する側自身のイデオロギー的見解とどの程度一致しているか次第であるとも考えられる。さらに言えば、どのような考え方をとるかが、有能さの中身を定義づけるのかもしれない。物の見方が似通っている幹部裁判官たちともなれば、自分たちが共有するイデオロギー的傾向を当然のものとみなしていよう。それは、彼らの

抱く主観的見解が裁判官の客観的能力を評価する際の基準になってしまうほどである。事務処理能力の概念はどうにでもとらえることができるので、裁判官は一様な考え方をすべきだとする見解さえ許容されるほどである。

　それゆえ、扱いがむずかしい憲法訴訟を「サヨク」判事が裁くことになった場合、いかなる事態が起こりそうかを想像してみよう。たとえば、アフガニスタンでのアメリカの軍事活動を支援する、日本による海上での補給活動の合憲性が争われる訴訟ではどうだろうか。[237]「サヨク」判事はこの訴訟が司法判断に適合する——それは、憲法9条解釈をめぐる問題は一見きわめて明白に違憲無効と認められない限り、司法判断になじまない政治的問題であるという趣旨の先例から逸脱する[238]——とするばかりか、これらの海上活動は違憲であるとする心証を抱くと仮定しよう。これにより彼は自民党と真正面から衝突することになる。彼がそのようなリベラルな立場をとるからには、職業裁判官枠とは別の経路で彼は最高裁に到達したはずである。最高裁裁判官のポスト数から考えて、おそらく彼は弁護士枠で任命されたのだろう。もしそうであれば、彼は定年年齢近くで任命されたはずである。それゆえ、彼には裁判官としての経験がきわめて乏しく、おそらくせいぜい1～2年しか最高裁にいられない。そこで、最高裁の判例に何らかの影響を及ぼそうと望むなら、彼は急がなければならない。

　最高裁の制度設計とそれに基づく構成のために、「サヨク」判事は様々な点で困難な闘いに直面することだろう。第一に、彼は弁護士出身の最高裁判事ゆえに、ほとんどあるいは全く裁判官としての経験をもたない。従って、彼は山積する訴訟件数を目の当たりにして、猫の手も借りたいぐらいに能力的にすぐれた手助けを必要とするだろう。そうした手助けがあってはじめて、彼の意中にある十分に説得力をもつ意見を仕上げるとともに、他の訴訟をさばいて、当面するもっと重要な憲法訴訟に没頭できるようになるのだ。

第二に、「サヨク」判事の訴訟を受け持つ調査官は、その訴訟について「サヨク」判事と異なる心証を抱くと考えてまちがいない。最高裁判官と調査官の心証が食い違う頻度について、さらにはそのような食い違いがどれほど深刻なものであるかについて、私がインタビューした司法関係者たちの評価は様々だった。ある調査官は、重大な憲法問題に直面して、ある最高裁判官は調査官報告書の少なくともある観点で「いつも」同意しないだろうと指摘した。しかし、加えて彼の見立てによれば、そのような意見の相違が生じるのは100件に1件にすぎないという。[239]対照的に、リベラルとみなされた（元）最高裁判官は、彼が調査官と意見が一致しなかったのは、在職中で10回から20回あり、憲法がらみの訴訟が他の訴訟よりそうなることが多いわけではなかったと指摘した。[240]予想どおり、リベラルであると評判の（元）最高裁判官は、もっと正統派の同僚裁判官あるいは調査官自身よりも、調査官とのより頻繁でより深刻な対立を訴えがちだった。調査官はよりリベラルな影響を最高裁裁判官に与えることがときによってはできるにもかかわらず、[241]そのような影響を与える場合は通例ではなく例外であるように思われる。概して、典型的な調査官が困って悲鳴を上げそうな法的立場を思い浮かべれば、それは「サヨク」判事が取ろうとする法的立場をおいてほかにはなかろう。

　第三に、海外での自衛隊による補給活動が憲法違反であるとする立場を取ることで、「サヨク」判事はこの訴訟を担当する調査官と対立するばかりではない。その上、彼は経験豊富なエリート裁判官である調査官全体を敵に回すことになる。彼らはほとんどきまって統一戦線をはるだろう。当該訴訟を割り振られた調査官が「サヨク」判事の立場に共感を示すという場合も、まったくないとは言い切れない。ただその場合でも、その調査官は報告書を準備する段になれば、そのような重要な訴訟をグループ討議にかけて、自分自身の見解を同僚の調査官の見解に合わせるのではなかろうか。上席調査官と首席調査官がその調査官の仕事ぶりを評価し、作成された報告書を査読するので、その調査官はますます自分

の意見を抑えるだろう。逸話的な証拠も常識的判断も、次のことを示唆している。すなわち、ある最高裁裁判官の法的立場が、当該問題について専門知識のある自信に満ちあふれた調査官たち全員によって拒否されることが見込まれるとしよう。すると、すでにそのこと自体で、左寄りで、過労の、おそらく経験不足でもある最高裁裁判官は、調査官の前に屈服せざるを得ないということである[*242]。

　さらに言えば、「サヨク」判事の同僚裁判官ですら、異議を唱えようとする彼の意志を抑えつけるように振る舞うかもしれない。とりわけ、裁判官出身の最高裁裁判官の中には、過度に異議を唱える傾向に眉をひそめる者もいよう。それは、司法部の規範に反している、あるいは、最高裁の判決はどうあるべきかについての彼らの理解に反しているのだ[*243]。ある（元）最高裁裁判官は、職業裁判官出身のある最高裁裁判官と別の出身枠で着任したもう１人の最高裁裁判官の間で生じた出来事を教えてくれた[*244]。司法部の外から任命されたその裁判官は、ある訴訟をめぐる最高裁での評議の間、一言も発言せず、評議の終わり頃になって、自分は反対意見に回るつもりだとだけ述べた。職業裁判官出身の裁判官は、この者が反対意見を最後に表明する前に、評議で自分の立場を主張しなかったことに明らかに不満だった。そこで、異論派気取りの裁判官より自分が年長である事実を、その場に適した社会規範によく照らしてまず考えてから、彼はその同僚に「四の五の言わずに君の仕事をしたまえ」と命じたのである[*245]。

　第四に、調査官が束になっての忠告と保守派の優位な法廷に直面して、「サヨク」判事はほとんど疑いなく自分が少数派であることに気づく。調査官たちはおそらく、強力な統一戦線を組んで自分たちの見解を守るだろう。そこで、経験不足の「サヨク」判事がなんらの手助けなしに、調査官の見解に的確に反論するのはなかなか困難かもしれない。職業裁判官出身の最高裁裁判官であれば、調査官の見解を受け入れるだろう。というのも、彼らは調査官と同じ裁判官としての訓練を受け、また

同じ視野や職業上の経験を共有しているからだ。検察官出身の最高裁裁判官は、どちらかといえばはるかに保守的だろう。あわせて、これら二つのグループですでに、その他の裁判官がどのようにあがいても、最高裁裁判官の過半数を占めることになる。

　第五に、「サヨク」判事は、反対意見を起案するにあたって調査官から——あるいは、実際はいかなる他のスタッフからも——十分な手助けを当てにすることはできない。ある訴訟を割り振られた調査官に期待されているのは、妥当な範囲の見解を先取りしそれを反映する報告書を用意すること、および最高裁の判決原案の起草に資することである。そして判決原案はいずれにせよ、調査官報告書に基づいて書かれるようだ[*246]。しかし、調査官は、多数意見であれ反対意見であれ、個々の裁判官が各自の意見を起案するのを助ける強い義務の下に置かれているわけではない。自分自身も調査官だったある（元）最高裁裁判官によれば、最善のシナリオでも、調査官はせいぜい予想される各自の意見の「アウトライン」や「基本的考え」をチェックするにすぎないだろうという[*247]。さらに「サヨク」判事は、他国の少数派裁判官なら当然のこととみなされる、他の基本的補助手段に頼ることもできない。日本の最高裁が法廷助言者による意見書を認めたり、受け取ったりするのはまれである。最高裁が最近でそうしたものは、1987年のいわゆる森林法共有林分割規定違憲判決の際の例であり、そのとき最高裁は法務省から意見書を受け取った[*248]。もし、「サヨク」判事が山積する仕事量から考えて、1か月かそれ未満という確保しうる時間内で本気で個別意見を起案しようとするなら、彼は訴訟当事者による準備書面、彼自身の懸命な執務、さらにある寛大な調査官からのおそらく一般的な情報の提供から、できる限りのものを作り出そうとしなければならない。

　しかし、最悪のシナリオは、いうまでもなく、はるかにもっと悪いものである。調査官が最高裁裁判官と意見が食い違うと何が起こるかと尋ねられたとき、私がインタビューした調査官は、自分たちは裁判官の主

張に忠実に従うし、さもなければものごとのつじつまがあわなくなると言い張った。しかしながら、（元）最高裁裁判官たちはもっと複雑なとらえ方を示した。（元）最高裁裁判官たちの中には、自分たちに同意しない調査官に手を焼いたと述べる者もいれば、その関係をおおむね協調的だったと特徴づける者もいた。ある穏健リベラル派の（元）最高裁裁判官は、確かに調査官の中には「非協力的」な者もいたが、自分自身の調査官との関係は「きわめて良好」だったと述べた。そして、裁判官が調査官とうまくやっていけるかどうかは、根本的に意見が一致しているかよりパーソナリティ次第だと指摘したのである。彼の指摘によれば、リベラルな見解を抱くだけの裁判官と比べて「権威主義的パーソナリティ」の裁判官の方が、意見が食い違った場合、調査官と協力するのはよりむずかしいだろう[*249]。いくつかの訴訟でリベラル派だと評判のついたもう1人の（元）最高裁裁判官は、「例外的な訴訟」では調査官は「きわめて敵対的」であり、故意にずるずる引き延ばしをはかる場合もあると述べた[*250]。この裁判官はその例として、注目を集めた1票の格差訴訟における「忌まわしい経験」をほのめかしたが、詳述は避けた[*251]。

　第六に、「サヨク」判事のようにリベラルな傾向をもつに違いない最高裁裁判官は、また同時に、調査官の手助けを必要とするに違いない。職業裁判官のキャリアをもつ最高裁裁判官は起案するのに慣れている。彼らのうちの1人が指摘するように、彼らにとって自分で起案することが面目を保つことであり「ほとんど伝統」なのだ[*252]。対照的に、援助を最も必要とする裁判官は、裁判官としての経験のない最高裁裁判官であるに違いない。——すなわち、弁護士、行政官、そして法律学教授から最高裁裁判官になった人びとである。しかし、彼らは裁判官のキャリアをもっていないまさにそれゆえに、調査官の援助を大いに必要とし、同じ彼らが最高裁のリベラル派を構成するに違いない。だが、彼らがリベラルであるまさにそれゆえに、彼らは最も必要とする援助を調査官に頼ることはできない[*253]。

要約すると、最高裁の制度的資源の配分、その組織的な構造と構成によって、「サヨク」判事のようなリベラル気取りの裁判官は服従と降伏を強いられるということである。最高裁のイデオロギー的傾向と闘うことを念願する裁判官には、そうするための備えがほとんど与えられない。当初から、彼らは準備不足で、圧倒され、多くの点で時間が足りないようにみえる。彼らは調査官から最大の援助を必要とするが、それを受けられることはほとんどない。彼らは調査官を直接の部下とはしていないので、彼らが必要とする援助を確保できるかどうかは、彼らの調査官との関係次第となる。どの程度その関係が協調的であるかは、少なくとも一部にはどの程度調査官がその裁判官の考え方を共有しているかにかかっていると考えてさしつかえない。しかしながら、職業裁判官が保守的であるのと同じ理由から、たいていの調査官とリベラル派裁判官は、意見が一致しないだろう。加えて、たとえ裁判官が調査官の積極的な援助を運良く確保できたとしても、せいぜい裁判官が実際に得られる援助のレベルは、他国の上訴裁判所の裁判官がロー・クラークにふつうに要求し得られるものと比べて最低限のものにとどまる。

結論
司法政治の性質と制度設計の影響

　日本の最高裁の保守主義は、司法政治についての繰り返しみられる二つの特徴を示している。第一の特徴は、司法政治と選挙政治が不可分であることだ。[*254] いくつかの点で、日本の司法部は独立したものとして特徴づけることができる。しかし、司法の独立が何を意味していようと、それは優勢な政治勢力からの長期にわたる独立を意味しえない。日本の文脈の中では、司法の独立は次のことを意味してきた。すなわち、裁判所はまず裁判所自体の人事管理を行う権限を保持し、その一方で、個々の訴訟がいかに裁かれるかをめぐる、他の政治的アクターによるあからさまなかたちでのコントロールを避けてきた。しかしながら裁判所は、数十年にわたって政権の座にある与党が支持する政策と一致しない政策を追求することはできない。日本の裁判所の保守主義は、保守的な政治環境にそれがどっぷり漬かってきたことの必然的結果である。裁判所を政治からきっぱり独立させる制度的な構造ないし仕組みはない。

　司法部の行動に対する政治的コントロールは、公然たるものである必要はない。政治的アクターは裁判所の行動に、直接的ないし間接的に影響を及ぼすことができる。そのやり方としては、裁判所の人的構成、裁判官たちが利用できる資源、および、裁判所が制度として利用できる戦略的選択肢の幅を巧みに操ることが挙げられよう。最高裁の場合、これらの影響力のすべてが行使されている。選別の仕組みはがっちり組み上がっていて、自民党が支持する政策を破棄しようともくろむ左寄りの裁

判官が最高裁入りすることはまずない。その一方で、ごくまれに最高裁入りできたとしても、その裁判官は法を新たな方向で運用したくても、それを困難にするひどい資源的制約に妨害されてしまう。日本を制度的にみた場合におそらく最も興味深いことは、自民党が政治的コントロールの任務の多くを、司法部内のイデオロギー的に信頼できる代理人に実際には委ねてきたことだ。この司法部内の代理人とは、最高裁長官と彼を補佐する事務総局の司法官僚を中心とした幹部裁判官たちである。こうした巧みな策略の帰結が、司法の独立を形の上では十分満たすが、政府の要望にきちんと合わせ続ける司法部ということになる。

　最高裁をいっそう制約するのは、時の政権をやりこめることが実際にはむずかしいという事情である。司法部が政府の政策にたてつこうとしても、それは失敗に終わるか、裏目に出ることさえある。すなわち、過去の経験が示すところによれば、自民党は最高裁が行った耳の痛い憲法判断に対して、それを無視するか、憲法改正を求めるかだった。戦略的見地からみて、最高裁は政権党によって全く斟酌されない憲法判断を行うより、なんら判断を示さないほうがおそらく賢明だろう。政治の側の不作為は裁判所の存在を希薄なものにみせ、さらにそれがいっそうの不作為をもたらすことになる。裁判所には力がないという認識が、最終的にその通りになってしまいかねない。この事実は、最高裁の裁判官たちに理解されないわけではないようだ。その１人は最高裁の力を伝家の宝刀の力にたとえた。この伝説の力は「世代から世代に受け継がれる」。その刀に伝説の力があるのは、それがマントルピースの上で使われずにある限りである。しかし、その刀を実際に抜くことはきわめて危険を伴う。「もしそれがよく切れないことがわかれば……その価値は無に帰する」。最高裁には同様の逆説的性格がある。すなわち、最高裁にどの程度力があるかは、それにどの程度力があるとみられているかにかかっている。政府とのおそらく負け戦を避けることで、最高裁は弱さを露呈されずにすみ、最高裁がもっているなにがしかの力を守ることになる。

最高裁の制度的特徴はまた、その行動を形成するのに重要な役割を果たしている。司法部の行動に対する政治の影響は避けられないが、その及ぼすタイミングと程度はおおいに変わりうる。綱でつながれた犬さえ少しぐらい行動の自由はある。すなわち、犬はあるじに忠実についていくかもしれないが、わざとのろのろするかもしれない。同じように、政治的環境は裁判所が達成したいと望みうるものの外枠を規定する。しかしその枠の中であれば、裁判所は政府の政策形成の努力を促進することもできるし、妨害することもできる。最高裁の内部組織、ルール、および実践は、裁判所がどちらに進むかを決めるにあたって重要な役割を果たしている。最高裁は明らかに自民党を妨害するというよりそれに協力するものだ。というのも、最高裁の制度設計のあり方をみれば、それが政治的アクターに最高裁の行動をすぐにでもかつ劇的に作り変える手段を提供していることがわかるからである。最高裁が政治介入に対して構造的に過敏にならざるをえないことは、司法政治に繰り返しみられる二つ目の特徴を示している。すなわち、裁判所の制度的特徴は政治的環境に対する裁判所の応答性を左右するのである。

　裁判所がいかに応答的かを規定するにあたって、とりわけ二つの組織的特徴が特に重要な役割を果たすと思われる。第一の特徴は、政治的アクター——たとえ彼らが政治家だろうと、有権者だろうと、あるいはこの二つの混合体だろうと——が最高裁の人的構成を入れ替える機会をどれだけ持っているかである。日本では、最高裁の裁判官の数が比較的多く、また定年年齢に近い者を最高裁裁判官に任命する慎重な戦略が取られている。従って、政府はその空きを定期的に埋めることで最高裁のイデオロギー的傾向を比較的コンスタントに調整し修正することができる。[262] 最高裁裁判官が国民審査に付されることも最高裁の応答性を高めるはずである。[263] しかし実際には、彼らは定年に近い年齢で任命されるので、国民審査にはたいした意味はない。[264] これに比べて、アメリカの場合、政権与党が連邦最高裁の人的構成を入れ替える機会は、かなり突発的で不定

期である。長く欠員が出ないこともあり、連邦最高裁のイデオロギー的バランスに実質的に影響を与える、裁判官の任命を行う機会は、10年以上ずっとめぐってこないかもしれない。[*265]その結果、連邦最高裁が過去の選挙結果を反映する存在となり、現在の政権に過去の政権の見解を押しつけようとするリスクが高まることになる。[*266]

　第二の特徴は、それが第一の特徴と関連するゆえに重要である。この第二の特徴とは、裁判所内における権力がどの程度集中しているか分散しているかである。次のような場合であれば、政治的アクターは裁判所の方向性に影響力を及ぼす努力を常に繰り返して行う必要はない。すなわち、その裁判所自体の権力が1人の個人の手に集中しており、しかもその者が比較的短い間隔で交代する場合である。その点でみれば、最高裁長官と事務総局の手に権力を集中させることで、日本の最高裁は時の政権の要望に機敏に応じることができるばかりか、日本の司法部全体を最高裁に従わせることができる。

　司法行政が司法部によって純粋培養されたエリート裁判官の手に握られている——過去の大部分においてそうだったように——とすれば、司法部は孤高であるようにみえ、なかなか変わりにくいということになろう。しかし、この方向を変えるやり方は単純である。必要とされるのはそのトップである最高裁長官を交代させることだけだ。司法部の強い官僚的性格にもかかわらず、日本のリベラル派の首相が最高裁を変えることは、アメリカのリベラル派の大統領が連邦最高裁を変えることより、迅速かつ容易にできる。首相が行う必要のある最も重要なこと——そしておそらく唯一のこと——は、それまでのやり方を無視して、異例なほど若く、エネルギーに満ちあふれ、きわめてリベラルで、さらにこれがおそらく最も重要なことだが、既存の司法部の指導層から推薦されなかった人物を最高裁長官に指名することである。

　最高裁長官の権力は絶大であり、すぐに効果を及ぼすことができる。使われ方次第では——たとえば、「サヨク」長官の手に委ねられれば

──その権力はまったく変化を引き起こす力となろう。その大きな影響力を評価するために、「サヨク」最高裁長官の権力をジョン・ロバーツ連邦最高裁長官〔訳注：2005年9月29日就任の第17代長官〕のそれと比較してみよう。ロバーツ長官は単に同輩中の首席にすぎないと言われる。[*267] ロバーツは9票のうちの同じ重みを持つ1票をもち、評議で最初に発言し投票する権利と、もし彼が多数派に与していたならばそのときに、起案を割り当てる権利をもつ。[*268] 彼は大統領弾劾裁判を主宰する権限をもち、[*269] 大統領就任宣誓で語順を間違えてもよい特権をもつ。[*270] 彼はまた、予想されるように、もっと予算をよこせと連邦議会にロビイングすること[*271] や、あまり知られていないが、いくつかの美術館を管理することを含む、様々な行政的な仕事もこなす。[*272] これらは悪くはないが、ジョン・ポール・スティーブンス連邦最高裁判事〔訳注：1975年12月19日に就任したリベラル派の長老的存在。ロバーツはスティーブンスの前で長官就任の宣誓を行った。2010年6月29日に90歳で引退し、後任として50歳で同じリベラル派のエレーナ・ケーガンが8月7日に就任した〕をねたみでむかむかさせるほどでもない。

さて、「サヨク」長官の場合はどうか。ロバーツ長官と同様、彼はたとえば空港での天皇の出迎えなど、多方面にわたる責任を負わされる。[*273] しかし、ロバーツとは異なり、彼が判決に携わるのは、最高裁判事より少ない。彼は小法廷の審理には加わらず、大法廷が開廷される場合のみ意見を表示する。[*274] そのときでさえ、彼の1票はロバーツの1票ほどの価値はない。最高裁長官の1票は15票のうちの1票にすぎないのだ。しかし、訴訟を裁く際の彼の役割に注目していては、もっと重要なことを見失うことになる。すなわち、彼の司法行政上の権限は、まさにとてつもないものなのである。彼は信頼のおける部下を選んで事務総局とその人事局を率いさせる。[*275] いっしょになって、彼らは彼らが望む回数と長さで、職業裁判官ならだれであれ日本国中のいかなる任地にも飛ばすことができる。[*276] あるいはそれどころか、裁判官を海外に送り出すすら

できる（類推のために、ロバーツ長官が連邦地域判事あるいは巡回判事を、指示によってアラスカあるいは国際通商裁判所に、ロバーツが適当とみなす回数および長さだけ飛ばせる事態を考えてみよ）。そしてそれでも足りなければ、最高裁長官と彼のえり抜きの腹心はある裁判官を昇給させるかどうか、させるとすればいつかを決定さえするのだ。[*277]

　十分に時間をかけて——そして、最高裁判事の平均在職期間を考えれば、彼は長く待つ必要はなかろう——新最高裁長官は、政治的風向きが劇的に変わって彼の人選に異を唱える政権ができない限り、最高裁裁判官の15ポストのうち実に七つに意中の人物を充てることもできるだろう。彼が人選できるポストには職業裁判官が就く６ポストと、おそらく法律学の教授に割り当てられる１ポストが含まれよう。一方、弁護士枠の４人の判事は「サヨク」長官による裁判所クーデターに抵抗するようには思われない。むしろ弁護士たちは、相当に左翼かぶれの候補者を将来推薦できる好機としてこれを捉えようとするだろう。「サヨク」長官なら、これらの候補者をいやがらずに受け入れてくれようと、彼らは十分に踏んでいるのだ。従って、比較的わずかな時間と努力で、彼は最高裁の判例を変更するのみならず、裁判官会議を牛耳るのにも必要な票数を確保することになろう。裁判官会議は司法部にかかわるほとんどの決定を下す公式の権限をもっている。——なるほど実際には、裁判官会議はいずれにせよ、最高裁長官と事務総局の決定を承認する以上のことをしてきたわけではないが。[*278]

　もちろん、最高裁長官が人選できるポストには、長官自身も含まれる。まさに皇位継承のように、彼は後継者を聖別できる。最高裁長官を指名するのは内閣の権限であるにもかかわらず、[*279]最高裁長官は自分の後継者にだれを推薦するかを、他の最高裁判事や彼の腹心である事務総長に照会することなく決めるのだという。[*280]この最後の権限が賢く用いられるならば、「サヨク」コートは永遠の存在になるはずだ。そして、「サヨク」氏自身はジョン・マーシャル〔訳注：第４代米連邦最高裁長官（在任1801-

35)〕とサーグッド・マーシャル〔訳注：初のアフリカ系アメリカ人の米連邦最高裁判事(在任1967-91)〕を合わせたものに相当する日本の裁判官として、歴史にその名を残すことになるのだ。

　政府は最高裁の、さらに言えば司法部全体の方向を、最高裁長官の人選を注意深く行うことだけで徹底的に変えることができる。こうした主張は、うまくできすぎた話のように聞こえるかもしれない。しかし、現に試みられてきたのはこの主張なのである。自民党政権は1960年代末にまさにこの戦術を採用し、それが非常に功を奏した。当時、最高裁は議論の的となった二つの労働事件に判決を下し、保守層の怒りを買っていた。共産党の支持基盤である公務員組合を解体しようという自民党の策動に対して、最高裁は1966年の全逓中郵事件判決で、「労働者の団結権、団体交渉権、および団体行動権」を憲法が明確に保障している観点から、ストライキに通常伴う行動の範囲内にとどまる限り、公務員は刑事訴追されえないと判示した。3年後、最高裁は都教組事件判決で再び保守層を怒らせた。この判決で、不法なストライキのあおり行為を訴追できる政府の権限は制限された。

　これらの判決は田中二郎判事の影響のためだとする向きもあった。田中二郎は東大の法律学の元教授で、次期最高裁長官との呼び声も高かった。しかし、多くの人びとを驚かせたのだが、佐藤栄作首相は田中二郎ではなく、石田和外判事を長官に昇格させた。石田和外は自民党と個人的なつながりをもち、すでに最高裁の保守派として鳴らしていた。1973年までに、最高裁はそれ以前の労働側寄りの判決を次々に覆していった。そして、司法部は青法協に対する内部統制に乗り出すのである。最高裁の都教組事件判決とその後の路線変更の間に、7人の新人判事が最高裁に加わり、そのうち5人は以前の判決を覆すにあたって石田に与した。その後まもなく——そして定年を待たずに——田中判事は依願退官した。最高裁の急激な右旋回を阻止できないことで意気阻喪したと伝えられる。

日本の司法部は一つの官僚制かもしれない。しかし、それはまた、権力がある１人の手に異常なまでに集中された、高度に規律化された官僚制でもある。その結果、日本の司法部は政治的影響に抵抗することなく、応答的である。石田和外がわずか４年の長官在職の後に退官するまでに、日本の最高裁は大きく変わった。歴史が繰り返さないとは考えられない。とはいえ、司法部は政治的影響に対して、制度的に応答的であるまさにその理由で、政府が変わらない限り司法部もその路線を変えないだろう。制度的にいかに策を弄しても選挙政治と司法政治の結びつきは切断できない。それゆえ、最高裁の行動あるいは方向性を持続的に変化させるには、選挙での有権者の審判に頼るほかない。最高裁が保守的であるのは、究極的には政府が保守的であるためであり、同時に日本の有権者の多数もまたそうであるためである。いかなる司法部であれイデオロギー的に一致する政府と有権者を、それ相応の期間にわたって無視することはできないだろう。日本の司法部の制度的構造が確保しているものは、それがすぐにたわむということである。

《注》

＊０　筆者はワシントン大学（セントルイス）法学・政治学教授。本稿は「われわれが憲法の制度設計について知っていることは、もしあるとすればそれは何か」と題された『テキサス・ロー・レビュー』誌のシンポジウム、およびジョージ・ワシントン大学ロースクールで開催された2009年の比較憲法学会のラウンドテーブルに提出された論文を大幅に圧縮したものである。本稿はデンバーで開催された法と社会学会の2009年年次大会に提出された。その基礎をなす調査とインタビューは、日立-外交問題評議会（CFR）フェローシッププログラムから多大な財政支援を受け、慶應義塾大学法学部の客員准教授として、３か月滞日した際に行われた。本稿とそれが依拠する調査は、日本の数え切れない人びと、とりわけ私のインタビューに応じてくれた人びととの並外れた寛大さと援助がなければ、不可能だっただろう。彼らの多くは匿名を条件の取材だったため、その氏名を明かすことはできない。氏名を明かすことができる人びとは、元裁判官の安倍晴彦および宮本康昭、さらに次の研究者たちである。ダニエル・フット、スティーヴン・ギヴンズ、長谷部恭男、伊藤博、コリン・ジョーンズ、紙谷雅子、松井茂記、宮澤節生、西川伸一、大出良知、大沢秀介、ローレンス・レペタ、棚瀬孝雄、戸松秀典、およびマット・ウィルソン。カール・グリーンと田村次朗は慶

應義塾大学での私の着任に骨を折ってくれ、ジェリー・マカリンはそこでの研究生活が実り多きものになるよう援助を惜しまなかった。松井茂記、宮澤節生、および２人の匿名の元裁判官が調整してくれたおかげで、有益なインタビューを実施することができた。白井紀充と関根みず奈は、研究助手および通訳としてばかりでなく、日本社会へのガイド役としておおいに骨を折ってくれた。竹村恭輔は、日本語文献調査、翻訳、およびデータ収集で多大な援助をしてくれた。ダフニ・バラク–エレッツ、エリック・フェルドマン、トム・ギンズバーグ、ジョン・ヘイリー、リサ・ヒルビンク、ダン・ホウ、紙谷雅子、ロン・クロトスジンスキー、サンディ・レヴィンソン、クラーク・ロンバルディ、H・W・ペリー、および２人の匿名の地裁裁判官は本稿の草稿段階で有益なコメントを寄せてくれた。最後になったが、サンディ・レヴィンソンには『テキサス・ロー・レビュー』誌のシンポジウムに参加させていただいたことに、さらに同誌の編集部にはその根気強い努力に謝意を表したい。

* 1 *See, e.g.,* DAVID M. BEATTY, CONSTITUTIONAL LAW IN THEORY AND PRACTICE 121 (1995) (「比較憲法学者の間では、日本の違憲立法審査は世界で最も保守的であり慎重であるとみなされている。」).

* 2 *See, e.g.,* RONALD J. KROTOSZYNSKI, JR., THE FIRST AMENDMENT IN CROSS-CULTURAL PERSPECTIVE: A COMPARATIVE LEGAL ANALYSIS OF THE FREEDOM OF SPEECH 144, 143-45 (2006) (最高裁が法律を違憲無効としたがらないのは、「その固有の制度的役割についての最高裁の見解」のためであり、また「立法部の意志に対して司法部の意志を差し挟むことをよしとしない」ためでもあるとする); John O. Haley, *The Japanese Judiciary: Maintaining Integrity, Autonomy, and the Public Trust, in* LAW IN JAPAN: A TURNING POINT 99, 99 (Daniel H. Foote ed., 2007); Noriho Urabe, *Rule of Law and Due Process: A Comparative View of the United States and Japan, in* JAPANESE CONSTITUTIONAL LAW 173, 182 (Percy R. Luney, Jr. & Kazuyuki Takahashi eds., 1993) (日本の最高裁を「違憲立法審査を無意味にするほどに抑えつけられている裁判所」だと非難する).

* 3 J. MARK RAMSEYER & ERIC B. RASMUSEN, MEASURING JUDICIAL INDEPENDENCE: THE POLITICAL ECONOMY OF JUDGING IN JAPAN 9 –10 (2003) [hereinafter RAMSEYER & RASMUSEN, MEASURING JUDICIAL INDEPENDENCE]; J. MARK RAMSEYER & FRANCES MCCALL ROSENBLUTH, JAPAN'S POLITICAL MARKETPLACE 178–79 (rev. ed. 1997)〔加藤寛監訳（1995）『日本政治の合理的選択——政権政党の合理的選択』弘文堂、181-182頁〕; *see also* Percy R. Luney, *Jr., The Judiciary: Its Organization and Status in the Parliamentary System, in* JAPANESE CONSTITUTIONAL LAW, *supra* note 2, at 123, 145 (自民党執行部によって起用されてきた最高裁裁判官は、「自民党の社会的、経済的、文化的、および政治的価値を反映する」傾向にあると主張する). 自民党は過去ほぼ

50年にわたって日本を支配してきた。自民党は1993年8月からわずか8か月間政権を失ったが、その後社会党と連立を組むことにより政権に復帰した。この連立はまもなく解消された。 GERALD CURTIS, THE LOGIC OF JAPANESE POLITICS: LEADERS, INSTITUTIONS, AND THE LIMITS OF CHANGE 69, 188–93 (1999) ; J. Mark Ramseyer & Eric B. Rasmusen, The Case for Managed Judges: Learning from Japan After the Political Upheaval of 1993, 154 U. PA. L. REV. 1879, 1892–93 (2006) [hereinafter Ramseyer & Rasmusen, Managed Judges].

＊4　See Jun-ichi Satoh, Judicial Review in Japan: An Overview of the Case Law and an Examination of Trends in the Japanese Supreme Court's Constitutional Oversight, 41 LOY. L.A. L. REV. 603, 609 (2008) （日本の最高裁はたった8件に対してだけ違憲立法審査権を行使したと指摘する）。

＊5　See Judgment Days: Germany's Constitutional Court, ECONOMIST, Mar. 28, 2009, at 59 （1951年の設置以来、ドイツの連邦憲法裁判所は611件の法律を違憲無効としたと述べる）。

＊6　相沢対国、最判1973・4・4刑集27巻265頁。

＊7　株式会社角吉対広島県知事、最判1975・4・30民集29巻572頁。

＊8　七福産業株式会社対国、最判2002・9・11民集56巻1439頁。

＊9　平口孝志対平口茂、最判1987・4・22民集41巻408頁。

＊10　匿名の女性被告人対国、最判2008・6・4民集62巻1367頁。

＊11　黒川対千葉県選挙管理委員会、最判1976・4・14民集30巻223頁; Shigenori Matsui, The Reapportionment Cases in Japan: Constitutional Law, Politics, and the Japanese Supreme Court, 33 OSAKA U. L. REV. 17, 30–36, 41–42 （1986）。日本の国会は、衆院議員の定数不均衡を黒川訴訟で主張された限界内にとどめることを繰り返し怠ってきた。最高裁は定数配分は違憲状態にあると判決で繰り返し指摘してきたが、是正策を命じることは一度もなかった。See William Somers Bailey, Reducing Malapportionment in Japan's Electoral Districts: The Supreme Court Must Act, 6 PAC. RIM L. & POL'Y J. 169, 178–81, 184 (1997) （金尾対広島県選挙管理委員会、最判1985・7・17民集39巻1100頁を含む、黒川訴訟に続く定数不均衡訴訟についての最高裁判決、および相変わらずの国会の不適切な対応について論じる）; Matsui, supra, at 40, 34–35 （最高裁による国会の定数不均衡に関する判決に従わずに「国会がずっと無視してきたこと」に対する、多くの裁判官および識者の「深い挫折感」を指摘する）。

＊12　憲法9条をみよ（「陸海空軍その他戦力はこれを保持しない」）; John O. Haley, Waging War: Japan's Constitutional Constraints, CONST. F., 2005 (Issue 2), at 18, 24–27; Richard J. Samuels, Politics, Security Policy, and Japan's Cabinet Legislation Bureau: Who Elected These Guys, Anyway? text accompanying nn.15–17 (Japan Policy Research Inst., Working Paper No. 99, 2004), avail-

able at http://www.jpri.org/ publications/workingpapers/wp99.html（両者とも、憲法9条に絡む事件は違憲立法審査の対象外とする統治行為論を最高裁が適用したと論じる）; see also id. at text accompanying n.15（憲法9条ほど「日本国憲法の条文で激しい議論の対象になってきたものはなく」、また「自衛隊の合憲性ほど『政治的』な争点になったものもない」と指摘する）。

*13　7人の（元）最高裁判官に加えて、私はまた2人の最高裁調査官にインタビューを行った（彼らは以下で論じるように、この最高裁調査官着任で出世コースに乗ったとみられる裁判官である。後述の第3章の③をみよ）。その他、5人の（元）裁判官にもインタビューを行い、そこには宮本康昭と安倍晴彦も含まれる。彼らは青法協の会員裁判官だった（青法協については後述する。以下の注79-92とそこに付された説明をみよ）。さらに、検察官1人と前出の注0で氏名を掲げた様々な研究者にも面会した。様々なやむを得ぬ理由から、インタビューを受けた多くの方々は匿名のままにせざるを得ない。

*14　See HIROSHI ITOH, THE JAPANESE SUPREMECOURT: CONSTITUTIONAL POLICIES 24（1989）（「最高裁裁判官の指名・任命の過程は〔中略〕依然として不明瞭である。〔しかし〕首相と現職の最高裁長官を含む一握りの助言者が最終候補者の人選に直接責任を負っているようだ」と述べる）；東京で行われたG（元）最高裁裁判官へのインタビュー（日付は明かさない）（事務総長の意見具申が「ある役割を演じている」と述べる）。

*15　憲法6条2項。

*16　憲法79条1項。

*17　See Haley, *supra* note 2, at 107; David M. O'Brien & Yasuo Ohkoshi, *Stifling Judicial Independence from Within: The Japanese Judiciary, in* JUDICIAL INDEPENDENCE IN THE AGE OF DEMOCRACY: CRITICAL PERSPECTIVES FROM AROUND THE WORLD 37, 51（Peter H. Russell & David M. O'Brien eds., 2001）（両者とも、退官する最高裁裁判官がその後任を選ぶにあたっての役割に言及する）；東京で行われたA（元）最高裁裁判官へのインタビュー（日付は明かさない）もみよ（最高裁長官は2人ないし3人の候補者名を首相に推薦すると述べる）；東京で行われたB（元）最高裁裁判官へのインタビュー（日付は明かさない）（最高裁長官は1人ないし2人の候補者名を推薦すると述べる）；G（元）最高裁裁判官へのインタビュー，上記注14（最高裁長官は「数人」の候補者名を推薦すると述べる）。

*18　私がインタビューした（元）最高裁裁判官の1人によれば、内閣（首相を意味する）は戦後直後においては、（元）最高裁長官の推薦者を時々拒否した。しかし、そのような拒否はもはや起きていない。A（元）最高裁裁判官へのインタビュー、上記注17。

*19　See Haley, *supra* note 2, at 100（まさにこの結論に到達している）；O'Brien & Okhoshi, *supra* note 17, at 46（同じ結論である）。

＊20　後述の第2章をみよ。

＊21　G（元）最高裁裁判官へのインタビュー、上記注 14。

＊22　*See* ITOH, *supra note* 14, at 251–52; Masaki Abe, *The Internal Control of a Bureaucratic Judiciary: The Case of Japan,* 23 INT'L J. SOC. L. 303, 311–12 (1995); Setsuo Miyazawa, *Administrative Control of Japanese Judges,* 25 KOBE U. L. REV. 45, 48 (1991)（これらはみな、事務総局首脳部の構造と組織について論じる）；後述の第1章の②と③（裁判官の教育、採用、昇進および任地に対する事務総局の権力について論じる）。

＊23　G（元）最高裁裁判官へのインタビュー，上記注 14。

＊24　*See infra* notes 138-43 and accompanying text.

＊25　*See* DAVID M. O'BRIEN WITH YASUO OHKOSHI, TO DREAM OF DREAMS: RELIGIOUS FREEDOM AND CONSTITUTIONAL POLITICS IN POSTWAR JAPAN 77 (1996)（1980年代と1990年代の最高裁長官は全員司法部の、とりわけ事務総局の要職を歴任した者であると指摘する）; Haley, *supra note* 2, at 107（日本の最高裁長官のうち4人をのぞく全員は職業裁判官出身であると指摘する）；Miyazawa, *supra note* 22, at 47（5人ないし6人の最高裁判事が職業裁判官から任命され、彼らの中から最高裁長官が任命されることは「確立された慣例」であるとみなす）; Ramseyer & Rasmusen, *Managed Judges, supra* note 3, at 1884, 1883-84 tbl.2（1983年から2005年までに最高裁判官に任命された者の前歴を表にまとめて、1973年以降の最高裁長官全員に下級裁判所裁判官の経験があると指摘する）。

＊26　法律により、下級裁判所裁判官の定年年齢は65歳であり、最高裁裁判官の定年年齢は70歳と定められている。裁判所法50条. *translated in* 2 EHS LAW BULL. SER. no. 2010 (2005)；後述の第3章の①もみよ（定年年齢に近い者が最高裁判官に意図的に任命されることを論じる）。

＊27　See Setsuo Miyazawa, *Law Reform, Lawyers ,and Access to Justice, in* JAPANESE BUSINESS LAW 39, 46 (Gerald Paul McAlinn ed., 2007)（1990年以前の日本の司法試験の低い合格率を論じる）。

＊28　RAMSEYER & RASMUSEN, MEASURING JUDICIAL INDEPENDENCE, *supra note* 3, at 8; Abe, *supra* note 22, at 306.

＊29　司法修習期間が1年に短縮されるのは、ロースクールを経た新司法試験合格者でのみである。旧司法試験合格者は、さらに4か月ないし6か月の司法研修所における修習が課せられる。E-mail from Setsuo Miyazawa, Professor, Aoyama Gakuin Law School, to David Law, Professor, Washington University in St. Louis (Mar. 1, 2009, 14:29:30 CST) (on file with author); E-mail from Norimitsu Shirai, 2008 Keio Law School Graduate, to David S. Law, Professor, Washington University in St. Louis (Mar. 1, 2009, 19:57:39 CST) (on file with author).

＊30　最高裁司法研修所、http://www.courts.go.jp/english/institute/institute.html。

* 31 東京で行われたローレンス・レペタ大宮法科大学院大学教授へのインタビュー（2008年7月4日）。
* 32 判事5へのインタビュー（場所と日付は明かさない）；最高裁，上記注30。
* 33 *See* Setsuo Miyazawa, *The Politics of Judicial Reform in Japan: The Rule of Law at Last?*, ASIAN-PAC. L. & POL'Y J. (SPECIAL ISSUE), Spring 2001, at 89, 112（司法研修所教官になる裁判官教官の慎重な人選について指摘する）；判事4へのインタビュー（場所と日付は明かさない）。司法研修所教官の人選は公式には裁判官会議の責任において行われる。しかし、実際の作業を担うのは事務総局である。Abe, *supra* note 22, at 306; *see also infra* notes 107, 278 and accompanying text（裁判官会議の公式の権限と現実の働きの不一致について指摘する）。
* 34 Miyazawa, supra note22, at 112.
* 35 *Id.*；判事5へのインタビュー、上記注32もみよ（より若い者の任官が好まれることを確認する）。
* 36 Miyazawa, *supra* note 22, at 112.
* 37 判事3へのインタビュー（場所と日付は明かさない）；判事4へのインタビュー、上記注33；判事5へのインタビュー、上記注32；金谷利広「45年間の裁判官生活を振り返って」『近畿大学法科大学院論集』第3号（2006年）101, 108頁もみよ（司法修習生時代にクラス担任だった民裁教官および刑裁教官の人柄と力量に魅せられ、筆者は裁判官になりたいとの志望を固め、最終的には最高裁判事に任命されるにまで至ったことを自伝的に紹介する）。
* 38 判事3へのインタビュー、上記注37；判事4へのインタビュー、上記注33；判事5へのインタビュー、上記注32。
* 39 Daniel H. Foote, *Recent Reforms to the Japanese Judiciary: Real Change or Mere Appearance?*,『法社会学』第66号（2007年）128, 146頁；A（元）最高裁判官へのインタビュー、上記注17。
* 40 A（元）最高裁判官へのインタビュー、上記注17。
* 41 同上。
* 42 同上。；*see also* Abe, *supra* note 22, at 307（教官は彼らが任官に「適さない」とみなす修習生に、任官をあきらめさせることにたいていは成功すると述べる）。
* 43 A（元）最高裁判官へのインタビュー、上記注17。
* 44 同上。
* 45 同上。
* 46 *See, e.g.,* Foote, *supra* note 39, at 143（政府の司法制度改革審議会は、下級裁判所裁判官の任命過程にはいっそうの透明性を求めてきたと指摘する）；東京で行われた棚瀬孝雄中央大学法科大学院教授へのインタビュー（2008年6月26日）もみよ（任官過程のいっそうの公開性を支持する）；東京で行われた紙谷雅子および戸松秀典学習院大学法科大学院教授へのインタビュー（2008年6月27日）（前者と同じ見解

である）；東京で行われた大出良知東京経済大学教授・青法協元議長へのインタビュー（2008年8月6日）（透明性の欠如を批判し、その原因を推測する）。

＊47　Foote, *supra* note 39, at 143（下級裁判所裁判官任命諮問委員会、すなわち"Lower Court Judge Designation Consultation Commission"の設置と活動について論じる）；Miyazawa, *supra* note 27, at 86–87（同じ組織について論じているが、その名称を"Advisory Committee on the Nomination of Lower Court Judges"と英訳する）。日本の裁判官は最初は判事補として10年間の任期を務める。その後、彼らはほとんど例外なく、判事として再任されるか、再任を求めないよう促される。再任はその後10年ごとに定年まで繰り返される。定年年齢は法律により判事と高裁長官は65歳、最高裁長官と最高裁判事は70歳と決められている。裁判所法50条；OBrien & Ohkoshi, *supra* note 17, at 46；判事5へのインタビュー、上記注32。

＊48　東京で行われた下級裁判所裁判官任命諮問委員会関係者へのインタビュー（2008年6月27日）。

＊49　同上。

＊50　Foote, *supra* note 39, at 150–51；下級裁判所裁判官任命諮問委員会関係者へのインタビュー、上記注48。

＊51　Foote, *supra* note 39, at 146–50。

＊52　*Id.* at 151；下級裁判所裁判官任命諮問委員会関係者へのインタビュー、上記注48。

＊53　下級裁判所裁判官任命諮問委員会関係者へのインタビュー、上記注48。

＊54　同上。

＊55　同上。

＊56　*See infra* notes 125–28 and accompanying text.

＊57　東京で行われたF（元）最高裁裁判官の秘書官へのインタビュー（日付は明かさない）。

＊58　東京で行われたF（元）最高裁裁判官へのインタビュー（日付は明かさない）。

＊59　東京で行われたD（元）最高裁裁判官へのインタビュー（日付は明かさない）。

＊60　同上。

＊61　See Frank K. Upham, *Political Lackeys or Faithful Public Servants? Two Views of the Japanese Judiciary,* 30 LAW & SOC. INQUIRY 421, 453 (2005)（「民事畑の官僚的裁判官について比較的よく知っている読者でさえも、日本の司法制度による人事統制と仮借なき監督ぶりには驚かされるだろう」）。

＊62　RAMSEYER & RASMUSEN, MEASURING JUDICIAL INDEPENDENCE, *supra* note 3, at 10–12.

＊63　*See* Ramseyer & Rasmusen, *Managed Judges, supra* note 3, at 1887（日本の裁判官に求められる異動は「日本の端から端まででありうるし、またしばしば実際そうであり」、加えて様々な種類の裁判所に異動させられると指摘する）；東京で行

われた安倍晴彦弁護士・元裁判官へのインタビュー（2008年7月16日）（政治的に配慮を要する訴訟に対する彼の判決に不満を抱いた事務総局が、刑事が得意な彼を繰り返し家裁に配置することで意趣返しをしたと述べる）; *see also* Takuya Asakura, *A Judiciary Ruled by Conscience or Politics?*, JAPAN TIMES ONLINE, June 22, 2002, http://search.japantimes.co.jp/cgi-bin/nn20020622 a9.html（家裁判事としてさえ、安倍晴彦は少年の刑事事件を担当する機会を奪われていたと指摘する）。形の上では、裁判官は、その意思に反して転所をされることはないと裁判所法48条は定めている。しかし実際には、裁判官は転所の内示に従うか退官するか以外に、選択の余地はほとんどない。*See* RAMSEYER & RASMUSEN, MEASURING JUDICIAL INDEPENDENCE, *supra* note 3, at 10–11（「自らの責任で」転所を拒否し、そうすることで再任拒否の恐れに身をさらす裁判官もいると指摘する）; Miyazawa, *supra* note 22, at 48（意思に反しての転所から裁判官を守る法の規定が、なぜ考えられるほど実効をあげていないのかを説明する）。

*64 　判事2へのインタビュー（場所も日付も明かさない）；判事3へのインタビュー、上記注37。

*65 　Colin P.A. Jones, *Japan's Crazy Judges*, 25 J. JAPANESE L. 269, 271 (2008) (book review); G（元）最高裁裁判官へのインタビュー、上記注14。

*66 　ここで描かれている仮説的なエリートコースは、様々な裁判官の伝記と他の研究者による説明を組み合わせたもので、これら伝記と説明はすべて相互に矛盾しない。*See, e.g.,* JOHN OWEN HALEY, THE SPIRIT OF JAPANESE LAW 118-21 (1998); ITOH, *supra* note 14, at 254-55; O'BRIEN WITH OHKOSHI, *supra* note 25, at 71-75; Setsuo Miyazawa & Hiroshi Otsuka, *Legal Education and the Reproduction of the Elite in Japan,* ASIAN-PAC. L. & POL'Y J., June 2000, at 2:1, 2:22-24, tbl.27; Ramseyer & Rasmusen, *Managed Judges, supra* note 3, at 1887-89, 1901, 1905-06.

*67 　*See* ITOH, *supra* note14, at 79（調査官には、彼らの同期のうちで最も出来がよく期待されている裁判官の中から選ばれる傾向にあると述べる）。

*68 　後述の第3章の③をみよ（首席調査官および上席調査官の所掌事務について論じる）。

*69 　See Samuels, *supra* note 12（内閣法制局の所掌事務、影響力、および威信について述べる）。

*70 　*See* RAMSEYER & RASMUSEN, MEASURING JUDICIAL INDEPENDENCE, *supra* note 3, at 20（「北海道か沖縄（いずれも東京から最も遠い）に勤務した裁判官の次の任地は東京にするという、長年続いているルールを事務総局は守っている。」）。

*71 　*See* ITOH, *supra* note 14, at 254-55（「エリート」裁判官のキャリア類型を論じる）; RAMSEYER & RASMUSEN, MEASURING JUDICIAL INDEPENDENCE, *supra* note 3, at 13（「出世コースに乗る裁判官」に対する特別待遇をまとめる）。

*72　ITOH, *supra* note 14, at 254; Miyazawa, *supra* note 22, at 49; Ramseyer & Rasmusen, *Managed Judges, supra* note 3, at 1905-10, 1912-13.

*73　*See, e.g.,* ITOH, *supra* note 14, at 254–55; Haley, *supra* note 2, at 102–05; Miyazawa, *supra* note 27, at 48–49（これらはすべて、事務総局の司法行政ポストに付随する権力と威信、とりわけ人事に付きものの権力と威信について論じる）。

*74　*See* ITOH, *supra* note 14, at 26（事務総長を務めて、その後は主要な高裁の長官となれば、続いてほとんど確実に最高裁裁判官に任命されるようであると述べる）; Ramseyer & Rasmusen, *Managed Judges, supra* note 3, at 1884-85（下級裁判所裁判官のうちで、事務総局に勤務経験のある、あるいは事務総長として務めたことのある裁判官は、ごくわずかであると指摘する）; see also O'BRIEN WITH OHKOSHI, *supra* note 25, at 77（1980年代から1990年代まで最高裁長官に任命された者はみな、以前に事務総長経験はないかもしれないが、事務総局の一つないし複数の局長経験をもっていると指摘する）。

*75　*See* Ramseyer & Rasmusen, *Managed Judges, supra* note 3, at 1883–84 tbl.2（1983年から2005年までに任命された最高裁裁判官全員の年齢を表にして掲げる）; *supra* note 26（定年年齢について論じる）。

*76　*See* RAMSEYER & RASMUSEN, MEASURING JUDICIAL INDEPENDENCE, *supra* note 3, at 15（首相がより高齢の裁判官を慎重に任命して、「ハリー・ブラックマン問題」〔訳注：ハリー・ブラックマンは連邦最高裁判事（在任1970-1994年）。死刑について、加齢とともに考え方を変えて、ついには死刑制度への反対意見を表明するようになった〕を避けていることを指摘する）; O'Brien & Ohkoshi, *supra* note 17, at 53-55（若い候補者を好まない偏りについての経験的証拠を指摘し、この偏りは法廷における飛び跳ねた行動を抑える効果をもつかもしれないと仮定する）; *infra* text accompanying notes 175-90（すでに退官年齢に近い法律学教授が任命される意図的な選好を論じる）。

*77　*See* O'Brien & Ohkoshi, *supra* note 17, at 53-55, 54 tbl.3.2（1940年代以来、最高裁裁判官の平均在職年数は6.31年であることを示す）。

*78　近年では、下級裁判所裁判官指名諮問委員会の諮問に基づいて（前出の注47-52とそこに付された説明をみよ）、最高裁は若干の裁判官——1年あたりおよそ3人から5人——の再任を拒否している。判事5へのインタビュー、上記注32; 下級裁判所裁判官任命諮問委員会関係者へのインタビュー、上記注48; *see also* Foote, *supra* note 39, at 152–53（設置後最初の3年で、委員会は合計14人の裁判官を再任不適当と答申したと指摘する）。2003年の委員会設置以前でみると、それまでわずか2人の裁判官が再任拒否されたにすぎなかった。Foote, *supra* note 39, at 153.

*79　*See* Miyazawa, *supra* note 22, at 48（宮本が青法協会員裁判官であると最高裁が認めたことが、彼の再任拒否にある影響を及ぼしたと指摘する）; *infra* notes 85–93 and accompanying text.

*80 See RAMSEYER & RASMUSEN, MEASURING JUDICIAL INDEPENDENCE, *supra* note 3, at 23（青法協会員裁判官だった金野俊雄が判事補任期終了時に、事務総局は彼を再任しないだろうときかされて、彼が退官に至る経緯を論じる）; Haley, *supra* note 2, at 103（「自分から退官しなければ再任拒否されると予想して、退官した裁判官もいたかもしれない」）。

*81 Miyazawa, *supra* note22, at 48; 安倍晴彦へのインタビュー、上記注63。

*82 Haley, *supra* note 2, at 126.

*83 See, e.g., O'BRIEN WITH OHKOSHI, *supra* note 25, at 74（「あまりに独立的であまりにリベラルな」裁判官は低い報酬に抑えられ、それほど格の高くない裁判所や人気のない任地に回される傾向にあると指摘する）; Upham, *supra* note 61, at 424（「事務総局は、能力と政治的信頼度の双方について裁判官の仕事ぶりを詳細にモニターしていることに異論はない」）。

*84 E.g., O'BRIEN WITH OHKOSHI, *supra* note 25, at 75–76; RAMSEYER & RASMUSEN, MEASURING JUDICIAL INDEPENDENCE, *supra* note 3, at 19-25, 37-43, 162–70; Haley, *supra* note 2, at 121; Miyazawa, *supra* note 22, at 55.

*85 See RAMSEYER & RASMUSEN, MEASURING JUDICIAL INDEPENDENCE, *supra* note 3, at 19（青法協を the Young Jurists League と英訳する）; Miyazawa, *supra* note 22, at 55-57（青法協を the Young Lawyers Association と英訳する）。

*86 八王子で行なわれた宮本康昭弁護士・元裁判官へのインタビュー（2008年7月14日）; 大出良知へのインタビュー、上記注46。

*87 RAMSEYER & RASMUSEN, MEASURING JUDICIAL INDEPENDENCE, *supra* note 3, at18–19.

*88 *Id.*at19.

*89 HIROSHI ITOH & LAWRENCE WARD BEER, THE CONSTITUTIONAL CASE LAW OF JAPAN:SELECTED SUPREME COURT DECISIONS, 1961–70, at 16–17（1978）.

*90 *Id.*at17.

*91 See RAMSEYER & RASMUSEN, MEASURING JUDICIAL INDEPENDENCE, *supra* note 3, at 23–24（町田を含む一部の元青法協会員裁判官の栄達について指摘する）。

*92 RAMSEYER & RASMUSEN, MEASURING JUDICIAL INDEPENDENCE, *supra* note 3, at 41-47. *But see* Kentaro Fukumoto & Mikitaka Masuyama, Judging Political Promotion of Judges: Survival Analysis, Split Population Model and Matching Method 12–13（2006）(unpublished manuscript, on file at http://www-cc.gakushuin.ac.jp/~e982440/research/FKMM-APSA06.pdf)（ラムザイヤーとラスムセンによって分析されたデータに人口分類別生存分析とマッチング技法を適用して、青法協会員裁判官が格上の司法行政ポストへの昇進を遅らされているという

統計学的に有意な証拠はないと指摘する)。

* 93　RAMSEYER & RASMUSEN, MEASURING JUDICIAL INDEPENDENCE, *supra* note 3, at 60-61, 80-81.
* 94　O'BRIEN WITH OHKOSHI, *supra* note 25, at 74.
* 95　都市部に配属される裁判官にはやや高額の手当が支給され、それはその裁判官が当該地域を離れて2年後に段階的に停止される。判事5へのインタビュー、上記注32。
* 96　判事3へのインタビュー、上記注37。
* 97　RAMSEYER & RASMUSEN, MEASURING JUDICIAL INDEPENDENCE, *supra* note 3, at 12; Ramseyer & Rasmusen, *Managed Judges, supra* note 3, at 1887; 判事3へのインタビュー、上記注37。
* 98　RAMSEYER & RASMUSEN, MEASURING JUDICIAL INDEPENDENCE, *supra* note 3, at 12; 判事3へのインタビュー、上記注37。
* 99　F(元)最高裁裁判官へのインタビュー、上記注58。建前上は裁判官は転所を拒否してかまわないが、実際にはそのような転所は裁判官である限り避けられないものであり、定例の異動の受け入れを拒否する裁判官は、10年の任期終了時に再任拒否されるリスクを背負うことになる。上記注63とそこに付された説明をみよ。
* 100　A(元)最高裁裁判官へのインタビュー、上記注17。
* 101　同上。
* 102　同上。; *see also* Miyazawa, *supra* note 22, at 49-50 (一定の裁判官がより望ましい裁判所と任地に優先的に配属されるのに用いられる、おきまりの理由づけについて述べる)。
* 103　A(元)最高裁裁判官へのインタビュー、上記注17。
* 104　各裁判官の処理件数によって測定される生産性の相違をコントロールした後でさえ、ラムザイヤーとラスムスンは「左翼」裁判官がそのキャリアにおいてより冷遇されていると指摘する。RAMSEYER & RASMUSEN, MEASURING JUDICIAL INDEPENDENCE, *supra* note 3, at 80–81. しかし、この結論の妥当性は方法論的に疑問視されている。*See* Fukumoto & Masuyama, *supra* note 92, at 12 (ラムザイヤーとラスムスンの分析は不正確なデータに基づいており、経過時間依存を説明せず、彼らのモデルの誤った条件付けに決定的に依存していると論じる)。
* 105　*See, e.g.,* O'BRIEN WITH OHKOSHI, *supra* note 25, at 72-76 (裁判官の任地を左右し、報酬を調整することによって、イデオロギー的服従が巧みに確保されてきたと指摘する); Abe, *supra* note 22, at 307-09, 318 (事務総局は異動と昇進に対する権限を用いて、司法部の内部規範への服従を確保していると論じる); Haley, *supra* note 2, at 121-28 (日本の司法部の保守主義は、自律的な司法官僚制の保守的首脳部によって課せられる強力な内部規律の産物であると論じる); Miyazawa, *supra* note 22, at 52, 50–52 (日本の裁判官は「事務総局の不興を買いそうな判決を

下すには途方もない勇気を必要とする」し、彼らがどこに配属されるかは彼らの判決の政策内容と彼らの裁判所外での活動に依存しているのであって、訴訟を効率的に裁く法的推論技能や能力とは関係ないと主張し、その証拠を挙げる）；*supra* note 92 and accompanying text（「左翼」裁判官の運命に関する、ラムザイヤーとラスムセンによる統計学的結論について論じる）。

＊106　*See supra* notes 61–105 and accompanying text.

＊107　*See* ITOH, *supra* note 14, at 250-51（最高裁裁判官会議のメンバー構成と運営手続きを論じる）。

＊108　東京で行われた西川伸一明治大学教授へのインタビュー（2008年8月20日）。

＊109　A（元）最高裁裁判官へのインタビュー、上記注17。

＊110　同上。

＊111　同上。

＊112　同上。

＊113　同上。

＊114　同上。

＊115　Miyazawa & Otsuka, *supra* note 66, at 2:23; *see also* ITOH, *supra* note 14, at 254（「事務総長には事務総局の司法官僚経験者が圧倒的に就任してきている」と述べる）。

＊116　*See infra* notes 141–43 and accompanying text.

＊117　濱田邦夫「これらかの最高裁判所の在り方について　前編」『Niben frontier』2007年10月号、23, 29頁をみよ（2007年10月までで、最高裁判官として148人が就任したと指摘する）；下記の注179-82に付された説明（すでに退官年齢に近い法律学教授を任命することが慎重に好まれることを論じる）。

＊118　*See* O'Brien & Ohkoshi, *supra* note 17, at 54 tbl.3.2（日本の歴代首相によって指名・任命された最高裁判官の数を明らかにする）; Ramseyer & Rasmusen, *Managed Judges, supra* note 3, at 1883–84 tbl.2（1983年から2005年までのすべての最高裁判官を表に掲げる）。たとえば、2008年9月から2009年2月までで、4人の最高裁判官が任命された。*See* Supreme Court of Japan, Justices of the Supreme Court, http://www.courts.go.jp/english /justices/index.html（宮川、櫻井、竹内、および金築の各最高裁判事の任命に関するデータを提供する）。

＊119　B（元）最高裁裁判官へのインタビュー、上記注17; F（元）最高裁裁判官へのインタビュー、上記注58。

＊120　F（元）最高裁裁判官へのインタビュー、上記注58; *see also* Haley, *supra* note 2, at 111（「先任の検察官出身裁判官」が候補者人選に責任を負うと述べる）。

＊121　F（元）最高裁裁判官へのインタビュー、上記注58; *see also* Haley, *supra* note 2, at 111– 12（どの検察官が最高裁裁判官にふさわしいかを決めるにあたって、「最高裁長官も事務総長もなんら発言しない」と指摘する）。

*122 RAMSEYER & ROSENBLUTH, *supra* note 3, at 158; Haley, *supra* note 2, at 117.

*123 *See* Miyazawa, *supra* note 22, at 50-51（司法部と法務省の人事交流制度について論じる）; *see also* Yasuo Hasebe, *The Supreme Court of Japan: Its Adjudication on Electoral Systems and Economic Freedoms*, 5 INT'L J. CONST. L. 296, 300 (2007)（法務省は「高位級の」ポストに充てるために、司法部から多くの裁判官を転官させていることを指摘する）.

*124 B（元）最高裁裁判官へのインタビュー、上記注17; F（元）最高裁判官へのインタビュー, 上記注58。

*125 *See* Haley, *supra* note 2, at 51（「左翼リベラル」にして「進歩的改革派」の弁護士が日弁連と各地の単位弁護士会を支配し、日本社会全体に影響を与えてきたことがいかに「顕著」であるかについて指摘する）.

*126 *See id.* at 52（1987年に改正された「弁護士倫理」の序文を引用する）;日本弁護士連合会会則（1947年7月9日制定）2条、http://www.nichibenren.or.jp/en/about/pdf/articles.pdf（「本会は基本的人権を擁護し、社会正義を実現する源泉である」）.

*127 *See* Haley, *supra* note 2, at 53–54（「他者の統制からの独立あるいは自由に対する深い欲求が、日本のほとんどすべての弁護士を動機づけている」）.

*128 B（元）最高裁裁判官へのインタビュー、上記注17; G（元）最高裁判官へのインタビュー、上記注14。

*129 B（元）最高裁裁判官へのインタビュー、上記注17。

*130 同上。

*131 同上。

*132 この（元）最高裁判官は、東京弁護士会（東弁）を東京三会の中で最もリベラルであると特徴づけた。同上をみよ。しかし、イデオロギー的理由で他の二つの弁護士会から分裂した第二東京弁護士会（二弁）は、よりリベラルだとしばしば言われる。*See* E-mail from Masako Kamiya, Professor, Gakushuin University Law School, to David S. Law, Professor, Washington University in St. Louis (Mar. 10, 2009, 23:34:43 CST) (on file with the author)（二弁を東京三会のうちで「最もリベラル」であり、東弁を「中道」とみなす）。しかしながら、いずれにせよ、東弁も二弁も第一東京弁護士会（一弁）より左寄りだと評されている。

*133 B（元）最高裁裁判官へのインタビュー、上記注17。

*134 同上。

*135 1947年から1980年までに最高裁判官に任命された弁護士出身者26人のうち、16人が単位弁護士会の会長もしくは副会長の経験者だった。これらのうち、10人は東京三会のいずれかの、2人は大阪弁護士会の、そして1人ずつが名古屋弁護士会と神戸弁護士会〔訳注：現・兵庫県弁護士会〕の出身だった。MERYLL DEAN,

JAPANESE LEGAL SYSTEM 324（2 d ed. 2002）; *see also* Haley, *supra* note 2, at 109（「［最高裁裁判官に任命された弁護士のうち］単位弁護士会の役職経験者が圧倒的に多い。このことは、どの弁護士が最高裁判官に選ばれるかに対して、政治指導者よりもむしろ弁護士たち自身が影響を及ぼすことを実証するものだ」）。

* 136 東京で行われた宮澤節生青山学院大学法科大学院教授へのインタビュー（2008年8月7日）をみよ。

* 137 同上。

* 138 ITOH, *supra* note 14, at 24.

* 139 *Id*.; Shigenori Matsui, The History of the Japanese Supreme Court 6 & n.12 (June 14, 2008) (unpublished manuscript, on file with the author).

* 140 ITOH, *supra* note14, at 24–25.

* 141 O'Brien & Ohkoshi, *supra* note 17, at 52.

* 142 *See* Supreme Court of Japan, supra note 118（最高裁裁判官の経歴にリンクしている）。

* 143 F（元）最高裁裁判官へのインタビュー、上記注58。

* 144 B（元）最高裁裁判官へのインタビュー、上記注17。

* 145 J.MarkRamseyer, *Predicting Court Outcomes Through Political Preferences: The Japanese Supreme Court and the Chaos of 1993,* 58 DUKE L.J. 1557, 1576 & tbl.1（2009）.

* 146 *See id.*（実際に、大法廷回付が相当と思われる事件でさえ小法廷で裁かれる傾向にあり、大法廷で判断が示されるのは年に0ないし2である傾向を指摘する）。

* 147 B（元）最高裁裁判官へのインタビュー、上記注17。

* 148 *Id.; see also* ITOH, *supra* note 14, at 251（最高裁長官は「ほとんどの時間を司法行政に費やす」と指摘する）。現在の最高裁長官はまさに例外である。竹﨑長官は所属する小法廷の審理に加わることを最近決めたが、それは彼が最高裁の審理にじかに触れたいとの意向によるものである。歴代の長官と違って、彼は最高裁判事を経ずにいきなり長官になったことがその背景にある。「最高裁小法廷で長官が裁判長に 竹崎氏、異例の参加」『日本経済新聞』2009年3月10日34面; E-mail from Masako Kamiya, supra note 132.

* 149 *See supra* notes 124–25 and accompanying text.

* 150 *Id.*

* 151 *See supra* notes 126, 132 and accompanying text.

* 152 B（元）最高裁裁判官へのインタビュー、上記注17。

* 153 上記第2章の3をみよ。

* 154 *See* Ramseyer & Rasmusen, *Managed Judges, supra* note 3, at 1885（1983年から2005年までに最高裁入りした12人の元行政官のうち5人が元外交官だったと指摘する）。

* 155　A（元）最高裁判官へのインタビュー、上記注17。
* 156　Ramseyer & Rasmusen, *Managed Judges, supra* note 3, at 1885; A（元）最高裁判官へのインタビュー、上記注17。
* 157　*See* Haley, *supra* note 2, at 108(それ以前に2人の女性判事がいたことを述べる)；最高裁判所、最高裁判所の裁判官 http://www.courts.go.jp/english/justices/sakurai.html（櫻井判事の経歴が掲載されている）。
* 158　B（元）最高裁判官へのインタビュー、上記注17。
* 159　同上；G（元）最高裁判官へのインタビュー、上記注14もみよ（福田判事は少数意見に与する点で、最高裁裁判官の弁護士出身グループにおそらく分類されようと指摘する）。
* 160　三宅伸吾「話題判決エリート主導」『日本経済新聞』2004年7月5日19面。
* 161　日本国憲法79条1項をみよ（「最高裁判所は、その長たる裁判官及び法律の定める員数のその他の裁判官でこれを構成し、その長たる裁判官以外の裁判官は、内閣でこれを任命する」）。
* 162　F（元）最高裁判官へのインタビュー、上記注58。
* 163　同上。
* 164　Haley, *supra* note 2, at 108–09.
* 165　東京で行われたC（元）最高裁判官へのインタビュー（日付は明かさない）。
* 166　F（元）最高裁判官へのインタビュー、上記注58。
* 167　同上。
* 168　同上。
* 169　同上。
* 170　A（元）最高裁判官へのインタビュー、上記注17。
* 171　F（元）最高裁判官へのインタビュー、上記注58。
* 172　A（元）最高裁判官へのインタビュー、上記注17; F（元）最高裁判官へのインタビュー，上記注58; G（元）最高裁判官へのインタビュー、上記注14; 紙谷雅子及び戸松秀典へのインタビュー、上記注46。
* 173　See O'Brien & Ohkoshi, *supra* note 17, at 57–58（法律学の教授出身の最高裁判事は、1981年から1993年までに出された判決についての少数意見の四分の一以上を表明したと述べる）。
* 174　東京で行われたE（元）最高裁判官へのインタビュー（日付は明かさない）。
* 175　See O'Brien & Ohkoshi, *supra* note 17, at 53–54（ほとんどの最高裁裁判官は60歳代で任命され、その任命時の平均年齢は1990年から1995年の間で64.2歳だったと論じる）。
* 176　*See id.* at 54 tbl.3.2.
* 177　これらの統計は、最高裁の公式サイトに掲載されているすべての最高裁裁判官経験者の経歴データから算出したものである。このサイトは2009年1月の泉徳治

判事の退官までを掲載している。日本の裁判所 http://www.courts.go.jp/saikosai/about/saibankan/hanzi_itiran; *see also* O'Brien & Ohkoshi, *supra* note 17, at 57 tbl.3.3（1995年時点での現職者を掲げる）。たとえば、園部逸夫のように最高裁判事任命までに複数の経歴をもつ裁判官は、最高裁のサイトで確認できる任命時点での職業に従って分類した。*See* Miyazawa, *supra* note 22, at 54-55（園部の多様な経歴を記する）。

*178 実施された統計学的検証は一元配置分散分析、および２標本 t 検定による比較である。前者は最高裁裁判官の五つのグループすべて――すなわち、職業裁判官出身者、弁護士出身者、行政官出身者、検察官出身者、および学者出身者――を扱い（$F = 4.31; p < 0.01$）、後者は職業裁判官出身者に対する弁護士出身者の比較（$p < 0.01$）、および検察官出身者に対する弁護士出身者の比較（$p < 0.01$）を行った。

*179 この結論は２標本 t 検定による比較に基づいている。すなわち、職業裁判官出身者に対する学者出身者の比較（$p = 0.69$）、行政官出身者に対する学者出身者の比較（$p = 0.63$）、検察官出身者に対する学者出身者の比較（$p = 0.68$）、さらに弁護士出身者に対する学者出身者の比較（$p < 0.01$）である。このデータは、55人の職業裁判官出身者、44人の弁護士出身者、14人の行政官出身者、13人の検察官出身者、さらに12人の学者出身者を含んでいる。

*180 A（元）最高裁裁判官へのインタビュー、上記注17。

*181 同上。

*182 同上。

*183 RAMSEYER & ROSENBLUTH, *supra* note 3, at 144, 153; J. Mark Ramseyer & Eric B. Rasmusen, *Why Are Japanese Judges So Conservative in Politically Charged Cases?*, 95 AM. POL. SCI. REV. 331, 333 (2001)。

*184 See Ramseyer & Rasmusen, supra note 183, at 333（「1955年から1993年まで、自民党は国会を常にがっちり支配し、その状況は続くものと自民党が期待をかけるのは当然だった」）; infra note 187（自民党が当面政権を維持する見込みを論じる）。

*185 *See* Ramseyer & Rasmusen, *supra* note 183, at 333（「アメリカにおける定期的な政権交代を前提に、大統領は最高裁判事に比較的若い者を起用して、そのポストが終身職であることを利用しようとする」）。

*186 *See* RAMSEYER & ROSENBLUTH, *supra* note 3, at 153（「アール・ウォレン連邦最高裁長官に代表されるエイジェンシー・スラックの危険」に言及する。「すなわち、「政治的に信頼できると考えて任命した者が、時が経つにつれて全く異なる立場に移行してしまうことがあるのだ」）; Lee Epstein et al., *Ideological Drift Among Supreme Court Justices: Who, When, and How Important?*, 101 NW. U. L. REV. 1483, 1486 (2007)（連邦最高裁におけるイデオロギー的ゆらぎの程度を明らかにする）。

*187 近年の世論調査によれば、自民党はここ50年以上で2度目の政権喪失の危機にある。*Japan's Crashing Economy: Cold Medicine,* ECONOMIST, Feb. 21, 2009, at 44. しかしながら、いくつかの点で自民党にとっての最大野党である民主党は、自民党の反主流派よりも純粋な野党として行動していない。さらに言えば、現在の民主党代表自身が、党内抗争の結果袂を分かった元自民党の領袖である。*See* CURTIS, *supra* note 3, at 71（小沢一郎の自民党離党に至った党内抗争を論じる）。実質的な政策に関して、民主党を自民党から区別することは困難である。*Id.* at 194; *see also* Craig Martin, *The Case Against "Revising Interpretations" of the Japanese Constitution,* ASIA-PAC. J.: JAPAN FOCUS, http://japanfocus.org/-Craig-Martin/2434（自民党も民主党も憲法9条の平和条項の骨抜きを狙っていると指摘する）。結局、民主党が政権の座に就いたとしても、自民党の主要な政策面での業績——最も顕著なところでは、日本の防衛力の増強を含む——をご破算にすることも、裁判所によって劇的なイデオロギー的変化を引き起こすこともまず無理だろう。*Cf.* CURTIS, *supra* note 3, at 197–98（政権を握った社会党が、自衛隊の合憲性と日米安保体制の妥当性をめぐる彼らの伝統的な立場をいかに放棄したかを記す）; Ramseyer, *supra* note 145, at 1573–81, 1577 tbl.2, 1582 tbl.3（1990年代前半に短期間しか続かなかった社会党政権は、下級裁判所の「反左翼バイアス」を克服しようとも、最高裁に「変化を引き起こす裁判官」を任命しようともしなかったと指摘する）。

*188 *See* Ramseyer & Rasmusen, *supra* note 183, at 333（自民党がずっと政権を担当するつもりである限り、その指導者は「退官前にその見解を変えない〔中略〕くらいに高齢の裁判官を任命しても問題はない」と述べる）。

*189 戸松秀典（2008）『憲法訴訟 第2版』有斐閣、416-417頁；E（元）最高裁裁判官へのインタビュー、上記注174。

*190 E（元）最高裁裁判官へのインタビュー、上記注174。

*191 浜田、上記注117、24頁。

*192 *See* O'Brien & Ohkoshi, *supra* note 17, at 41（日本にはアメリカの半分以下の人口しかいないが、日本の最高裁の事件一覧表の規模はアメリカの連邦最高裁のそれとほぼ同じであると指摘する）。

*193 *See* Haley, *supra* note 2, at 105（アメリカの連邦最高裁と違って、「日本の最高裁はその事件一覧表に対する重大な裁量権を全く行使しない」と指摘する）。

*194 *See id.*（ある種の民事上告事件に対する、1998年に施行された新民事訴訟法の効果を記している。）；判事1へのインタビュー（場所と日付は明かさない）（改革は最高裁を事件一覧表の重圧からほんのわずかに解放したにすぎないと指摘する）。

*195 判事1へのインタビュー、上記注194（職権破棄手続きについて論じる。これは権限の誤用あるいは裁量権の濫用に対する再審査とおおまかに訳すことができる）；B（元）最高裁裁判官へのインタビュー、上記注17（最高裁が処理を求められる、

重大な事実誤認を申し立てる大量の上告件数を嘆く）；浜田，上記注117, 28頁もみよ（アメリカの連邦最高裁に比べて，日本の最高裁は上告事件に関するかなり膨大な記録をたいていは受理し，それを精査しなければならないと指摘する）。

*196 D（元）最高裁裁判官へのインタビュー、上記注59；判事5へのインタビュー、上記注32もみよ（祝日や夏休みを考慮に入れれば、最高裁のカレンダーにおける実働日数は250日に近いだろうと指摘する）。

*197 D（元）最高裁裁判官へのインタビュー、上記注59。

*198 B（元）最高裁裁判官へのインタビュー、上記注17。

*199 同上。

*200 D（元）最高裁裁判官へのインタビュー、上記注59。

*201 B（元）最高裁裁判官へのインタビュー、上記注17。

*202 RICHARD A. POSNER, HOW JUDGES THINK 299 (2008)；*see also* ARTEMUS WARD & DAVID L. WEIDEN, SORCERERS'' APPRENTICES: 100 YEARS OF LAW CLERKS ON THE SUPREME COURT 25 fig.1.1 (2006)（1994年までの連邦最高裁の取扱件数をグラフ化する）。

*203 Supreme Court of Canada, Cases Decided in 2006, http://www.thecourt.ca/decisions-2006.

*204 浜田、上記注117, 25頁。

*205 同上。

*206 同上をみよ（行政事件担当の調査官の増員にもかかわらず、最高裁が2年以内で処理した行政事件の比率は、2000年から2005年にかけて実際には低下したと指摘する）。

*207 同上, 25頁; B（元）最高裁裁判官へのインタビュー、上記注17; E（元）最高裁裁判官へのインタビュー、上記注174。

*208 D（元）最高裁裁判官へのインタビュー、上記注59。

*209 ITOH, *supra* note 14, at 77; O'Brien & Ohkoshi, *supra* note 17, at 42; 上記第1章の3。

*210 ITOH, *supra* note 14, at 79.

*211 *Id.* at 77; 判事2へのインタビュー、上記注64; 判事1へのインタビュー、上記注194もみよ（調査官の任期は平均で4年ないし5年であると述べる）。

*212 判事2へのインタビュー、上記注64。

*213 同上。

*214 B（元）最高裁裁判官へのインタビュー、上記注17。

*215 同上。

*216 D（元）最高裁裁判官へのインタビュー、上記注59。

*217 O'Brien & Ohkoshi, *supra* note 17, at 42.

*218 同上。

* 219　判事1へのインタビュー、上記注194; 判事5へのインタビュー、上記注32。
* 220　判事1へのインタビュー、上記注194。
* 221　同上。
* 222　See ITOH, supra note 14, at 79 (「調査官報告書が不十分である、あるいは、論点を明確にするためにグループ討議がもっと必要であると裁判長が感じた場合」、調査官は報告書を書き直すことになると説明する)。
* 223　判事1へのインタビュー、上記注194。
* 224　同上。
* 225　同上。
* 226　同上。
* 227　判事5へのインタビュー、上記注32。
* 228　判事1へのインタビュー、上記注194。
* 229　同上。
* 230　同上。
* 231　同上; 判事2へのインタビュー、上記注64もみよ (事務総局が調査官の仕事ぶりを評価する際には、裁判官会議と首席調査官の両方に諮ると説明する)。
* 232　F (元) 最高裁裁判官へのインタビュー、上記注58。
* 233　判事1へのインタビュー、上記注194; F (元) 最高裁裁判官へのインタビュー、上記注58。
* 234　判事1へのインタビュー、上記注194をみよ (調査官が先例との一貫性を確保することをこのシステムの強さだとみなす); F (元) 最高裁裁判官へのインタビュー、上記注58 (調査官が果たすべき役割についての事務総局の意識を述べる)。
* 235　See Miyazawa, supra note 22, at 54 (調査官は事務総局と「同じ物の見方を共有し」、事務総局が予測可能な範囲で行動するようだと指摘する)。
* 236　See Abe, supra note 22, at 314-16, 318 (日本の裁判官は、もし彼らが司法部の「責任ある立場」にのぼりつめると、「政治的多数派の意志」への挑戦を避けるという規範に従わなければならないと主張する)。
* 237　See, e.g., Craig Martin, Lessons for Japan from Canada: Establish Limits on Naval Support to U.S., JAPAN TIMES, Jan. 10, 2008, at 15, available at http://search.japantimes.co.jp/cgi- bin/eo20080110a1.html (アフガニスタンに介入した多国籍軍に対する日本の燃料補給を法的に根拠づけることが、憲法に違反しないかをめぐる論争について記述する)。
* 238　See supra note 12 and accompanying text.
* 239　判事1へのインタビュー、上記注194。
* 240　B (元) 最高裁裁判官へのインタビュー、上記注17。
* 241　あるリベラル派の (元) 最高裁裁判官——彼は自分の法的アプローチは、1938年の合衆国対カロラインプロダクツ事件の有名な脚注 (4) において表明され、

JOHN HART ELY, DEMOCRACY AND DISTRUST: A THEORY OF JUDICIAL REVIEW (1980)で詳述された司法審査の理解におおいに影響を受けたと述べた——は、自分は調査官によってアメリカ憲法理論のこの部分を教えられたと指摘した。

＊242　私がインタビューした（元）最高裁裁判官の１人は、匿名を条件にまさにそのような話を私に語ってくれた。その知的能力とリベラルな傾向で知られるある（元）最高裁裁判官が私に打ち明けたところでは、自分は調査官の助言に反する判決を書きたいと調査官に一度告げたことがあったという。その調査官はその訴訟を論じ合うための調査官全員の会合を開いた。その後裁判官のところに戻ってきて、彼にこう述べたのだった。「私ども30人全員はあなたの考え方が間違っていると思う。」その裁判官は、黙って従うほかなかった。

＊243　See O'BRIEN WITH OHKOSHI, supra note 25, at 83（「最高裁の規範」も「法文化」も、反対意見あるいは多数意見でさえもその起案者になることを好まないと述べる）。

＊244　G（元）最高裁裁判官へのインタビュー、上記注14。

＊245　同上。

＊246　ITOH, supra note 14, at 78–79.

＊247　A（元）最高裁裁判官へのインタビュー、上記注17。

＊248　紙谷雅子及び戸松秀典へのインタビュー、上記注46。

＊249　C（元）最高裁裁判官へのインタビュー、上記注165。

＊250　D（元）最高裁裁判官へのインタビュー、上記注59。

＊251　同上。

＊252　A（元）最高裁裁判官へのインタビュー、上記注17。

＊253　指摘されるべきなのは、裁判実務の欠如も調査官の援助の欠如も、法律学の教授出身の最高裁裁判官が少数意見の立場をかなり取りがちであることを妨げるものではないということだ。See O'Brien & Ohkoshi, supra note 17, at 57–58, 57 tbl.3.3（法律学の教授出身の最高裁裁判官が1981年から1993年までの間に、多数意見以外の意見の四分の一以上を起案したことを指摘し、出身枠別にこの時期に最も多く少数意見に与した裁判官を表にしてまとめる）．調査官の手助けをほとんどあるいは全く受けずに、彼らが個別意見を起案する力量は、次の事実に照らせば、おそらく驚くに値しない。弁護士や行政官出身と異なり、彼らは自身の考えを表明し、司法判断を批判するのに職業上慣れているのである。しかしながら、法律学の教授出身の最高裁裁判官は常に１人しかいないので、必要とされる場合ならばいつでも多数意見とは異なる法的見解を明らかにする負担を引き受けるよう、彼らに期待するのは酷である。その職務の重大性のみならず最高裁の内部組織からみて、１人の裁判官がなし遂げることには限界がある。孤立した裁判官では、自分が属していない二つの小法廷が扱う訴訟をモニターすることはできないし、ましてやそれに影響を及ぼすことなどできやしないのである。

*254 *See* MARTIN SHAPIRO, COURTS: A COMPARATIVE AND POLITICAL ANALYSIS 20 (1981)（「司法部は別個の存在としてではなく、政治的権威の主流の欠かせない一部として作用するというのが普遍的なパターンである」）。

*255 上記第１章および第２章をみよ。

*256 上記第３章をみよ。

*257 たとえば昨年、名古屋高裁は航空自衛隊のイラクでの空輸活動は憲法９条に違反するとの判断を示したが、原告適格は認められないとして救済を却下した。これに対して政府は、この判決にとらわれない旨を明言した。*See* Craig Martin, *Rule of Law Comes Under Fire: Government Response to High Court Ruling on SDF Operations in Iraq,* JAPAN TIMES, May 3, 2008, *available at* http://search.japantimes.co.jp/print/eo20080503a1.html（政府は「そのような裁判所の判断は受け入れられない」と述べた町村信孝官房長官の公式声明を引用する）。判決が無視されたのは名古屋高裁ばかりではない。最高裁は繰り返し、衆院の定数不均衡は違憲状態にあると判決してきた。しかし国会は最高裁が示した基準に従って定数是正を行うことをずっと怠ってきた。*See supra* note 11（最高裁の判決とそれに対する国会の不作為について論じる）。

*258 *See* RAY A. MOORE & DONALD L. ROBINSON, PARTNERS FOR DEMOCRACY: CRAFTING THE NEW JAPANESE STATE UNDER MACARTHUR 320 (2002)（自民党が1955年に結党されて以来、自民党の「主要目標」の一つは戦後憲法の改正であり、その改正の主眼は基本的人権の擁護を過度に強調しないこと、および憲法９条による戦争放棄と戦力および交戦権の否認を骨抜きにすることだと指摘する）; J. Patrick Boyd & Richard J. Samuels, *Nine Lives?: The Politics of Constitutional Reform in Japan,* 29 POL'Y STUD. 1, 17—26 (2005), *available at* http://www.east westcenter.org/fileadmin/stored/pdfs/PS019.pdf（憲法９条改正をめざした自民党の結党当初の動きを記述する）; Masami Ito, *Article 9 in Abe's Sights,* JAPAN TIMES, Apr. 14, 2007, *available at* http://search.japantimes.co.jp/cgi-bin/nn20070414a2.html（憲法９条改正は自民党結党以来の目標であると指摘し、そのような改正の法的根拠を整えるための近年の動向を論じる）。

*259 *See* David S. Law, *A Theory of Judicial Power and Judicial Review,* 97 GEO. L.J. 723, 778–85 (2009)（実際の司法権力がいかにしてまたなぜ、司法権力の見かけに依存しているかを論じる）。

*260 E（元）最高裁裁判官へのインタビュー、上記注174。

*261 同上。

*262 *See* Ramseyer & Rasmusen, *Managed Judges, supra* note 3, at 1890–91, 1883-84 tbl.2（1983年から2005年までに任命された最高裁裁判官全員を表にして掲げ、たとえば小泉首相は在職２年のうちに最高裁裁判官の過半数を任命することができたと指摘する）。

* 263 日本国憲法79条2項をみよ（「最高裁判所の裁判官の任命は、その任命後初めて行はれる衆議院議員総選挙の際国民の審査に付し、その後十年を経過した後初めて行はれる衆議院議員総選挙の更に審査に付し、その後も同様とする」）。
* 264 O'Brien & Ohkoshi, *supra* note 17, at 53-54; *see also* RAMSEYER & ROSENBLUTH, *supra* note 3, at 152-53（国民審査は実質的には無意味であると指摘する）。
* 265 *See* Keith Krehbiel, *Supreme Court Appointments as a Move-the-Median Game,* 51 AM. J. POL. SCI. 231, 233 (2007)（連邦最高裁が到達する結論は中間派判事の見解を反映するものだろうから、中間派判事の任命がきわめて重要であるとする一連の文献を記述し、自らをそれに加える）。
* 266 *See, e.g.,* THOMAS R. MARSHALL, PUBLIC OPINION AND THE SUPREME COURT 79-80 (1989)（連邦最高裁は一般世論が支持する政策を採用する傾向にあが、しかしそれは4年遅れてようやくであることを指摘する）; Richard Funston, *The Supreme Court and Critical Elections,* 69 AM. POL. SCI. REV. 795, 806 (1975)（大統領選挙の結果、連邦最高裁と新たに選出された行政部および立法部の意思が一時的に食い違ってしまった場合、その「時差期間」中に連邦最高裁は法律を無効にする傾向があると主張する）; William Mishler & Reginald S. Sheehan, *The Supreme Court as a Countermajoritarian Institution? The Impact of Public Opinion on Supreme Court Decisions,* 87 AM. POL. SCI. REV. 87, 97 (1993)（連邦最高裁は多くの場合、世論の変化に応答するが、それは平均ほぼ5年の「重大な遅れ」のあとようやくだと指摘する）. But see John B. Taylor, The Supreme Court and Political Eras: A Perspective on Judicial Power in a Democratic Polity, 54 REV. POL. 345, 364–68 (1992)（「時差期間」という説明がニューディール期を超えてあてはまるかどうかについて、疑問を提起する）。
* 267. HENRY J. ABRAHAM, JUSTICES, PRESIDENTS, AND SENATORS: A HISTORY OF THE U.S. SUPREME COURT APPOINTMENTS FROM WASHINGTON TO BUSH II, at 324 (5th ed. 2008).
* 268 *Id.; see also* H.W. PERRY, JR., DECIDING TO DECIDE: AGENDA SETTING IN THE UNITED STATES SUPREME COURT 43-44 (1994)（連邦最高裁判事が評議で投票し発言する順番に証拠を提供する）。
* 269 U.S.CONST.art.I,§3,cl.6.
* 270 *See* DENIS S. RUTKUS & LORRAINE H. TONG, CONGRESSIONAL RESEARCH SERVICE, THE CHIEF JUSTICE OF THE UNITED STATES: RESPONSIBILITIES OF THE OFFICE AND PROCESS FOR APPOINTMENT 6 & n.26 (2005), http://digital.library.unt.edu/govdocs/crs/permalink/meta-crs-7287（大統領就任式を執り行う職務は、伝統的に連邦最高裁長官に委ねられていると指摘する）。
* 271 *See id.*（連邦最高裁長官によって作成される、連邦最高裁の年次報告書につい

て論じる)。

*272 See 20 U.S.C. § 76cc (2007)（連邦最高裁長官をハーシュホーン博物館と彫刻の庭の理事に指名する）; Alan B. Morrison & D. Scott Stenhouse, *The Chief Justice of the United States: More than Just the Highest Ranking Judge*, 1 CONST. COMMENT. 57, 61, 61–62 (1984)（「司法行政から離れた」連邦最高裁長官のいくつかの職務を表にまとめる）。より本来の仕事として、連邦最高裁長官はさらに臨時もしくは特別法廷のメンバーを人選する権限を有している。その際、イデオロギー的操作がなされる可能性は否定できない。*See* Morrison & Stenhouse, *supra*, at 61; Theodore W. Ruger, *The Judicial Appointment Power of the Chief Justice*, 7 U. PA. J. CONST. L. 341, 343, 391–94 (2004)（連邦最高裁長官に人選の権限が与えられている裁判所を表にまとめて、保守的な連邦最高裁長官は政治的配慮を要する問題を扱う裁判所には、保守的な裁判官を好んで起用するという仮説を提示する）。

*273 E（元）最高裁裁判官へのインタビュー、上記注174 をみよ(司法行政上および儀礼上なされる最高裁長官の職務のいくつかは「まったくばかげている」と述べる)。

*274 *See supra* note 148.

*275 A（元）最高裁裁判官へのインタビュー、上記注17; *see supra* notes 108–15 and accompanying text.

*276 See Ramseyer & Rasmusen, *Managed Judges, supra* note 3, at 1879（日本の最高裁長官の権限がアメリカの連邦最高裁長官のそれよりはるかに大きいことを、様々な点からまとめる）。

*277 RAMSEYER & RASMUSEN, MEASURING JUDICIAL INDEPENDENCE, *supra* note 3, at 12, 37– 38; O'Brien & Ohkoshi, *supra* note 17, at 48.

*278 *See* ITOH, *supra* note 14, at 250–51（裁判官会議の公式の権限と運営手続きについて論じる）; G（元）最高裁長官へのインタビュー，上記注14（裁判官会議は「重要な仕事」をまさに行っているが、最高裁の裁判官たちは一般に訴訟処理に忙しすぎて、裁判官会議を通じた司法行政にかかわる余裕はないと指摘する)。

*279 日本国憲法6条2項。

*280 G（元）最高裁長官へのインタビュー、上記注14。この（元）裁判官がさらに明らかにしたところでは、彼が事務総長だったとき、次の最高裁長官がだれになるか、事前の相談を全く受けずに、それが決まった後で告げられただけだったという。

*281 国対外山、最判1966・10・26刑集20巻901頁。

*282 日本国憲法28条。

*283 Matsui, *supra* note 139, at 19.

*284 国対長谷川、最判1969・4・2刑集23巻305頁。

*285 Matsui, *supra* note 139, at 19–20.

*286 Miyazawa, *supra* note 22, at 58; 紙谷雅子および戸松秀典へのインタビュー、上記注46；大出良知へのインタビュー、上記注46；Matsui, *supra* note 139, at 21.

* 287　*See* Abe, *supra* note 22, at 316（石田の選出は司法部の「左翼偏向」を正そうとする内閣の意図的な動きだったと述べる）; Miyazawa, *supra* note 22, at 58; Matsui, *supra* note 139, at 21 & n.55（両者とも、自民党元法相の木村篤太郎が内閣に石田を強く推したと記している）; 宮澤節生へのインタビュー、上記注136（木村は石田の剣道仲間だったと指摘する）。

* 288　*See* O'Brien & Ohkoshi, *supra* note 17, at 49（青法協会員裁判官を「法廷からパージ」しようという石田の策動について指摘する）; Matsui, *supra* note 139, at 20–21（鶴園対国（全農林警職法事件）、最判1973・4・25刑集27巻547頁および青法協脱会工作について論じる）。

* 289　Matsui, *supra* note 139, at 23.

* 290　*See* Miyazawa, *supra* note 22, at 58（1973年に最高裁を去る際の、田中の茫然自失ぶりを記す）。

訳者解説

　本稿は、David S. Law（2009）,"The Anatomy of a Conservative Court: Judicial Review in Japan,"*Texas Law Review*, VOL.87, NO.7, pp.1545-1593 の全訳である。筆者のデイヴィッド・S・ローは、注０にもあるとおり、ワシントン大学（Washington University in St. Louis）法学・政治学教授を務めている。訳出にあたってロー教授から求められたのは、本稿の初出が『テキサス・ロー・レビュー』誌であると明記することだけだった。また、本稿の原文はhttp://ssrn.com/author=383976からダウンロードすることができる。

　要旨は原文につけられておりそれを訳出した。原文に用いられているイタリック体には傍点を付した。

　これも注０で触れられているが、ロー教授は日立-CFRフェローシッププログラムにより日本に招聘され、2008年夏に３か月滞日した。その間、日本の法曹関係者や研究者を20人以上インタビューして回り、同年８月20日には私もお会いした。１時間半にわたって、日本の最高裁について詳しい質問をされて、たじたじになったことをよく覚えている。本稿はロー教授のこうした貪欲な研究活動の賜物である。その妥協を許さぬ徹底ぶりは、本稿に付された290にものぼる注記に如実に表れていよう。私は2010年３月末に本稿の抜刷りを受け取り、その学問上の意義を直感した。本稿を日本の研究者の共有財産にもしたいと考え、ロー教授に邦訳を申し出て快諾を得た次第である。文字どおりの拙訳で、

ロー教授のせっかくの業績に傷をつけるのではないかと恐れている。訳出に迷った箇所はロー教授にＥメールで確認した。多忙な研究生活を送られているにもかかわらず、いつもすぐに的確なご教示をいただき圧倒される思いだった。もちろん、訳文のすべての責任は訳者にある。

　さて、本稿の主張の特徴は、「日本の裁判官は、自民党という本人の代理人であった」とまで指摘するラムザイヤーらの主張と、それを厳しく批判して「日本の司法部〔は〕世界でも最も自律的であり続けることを確保してきた」と述べるヘイリーの反論を架橋したことにあろう。言い換えれば、政治にはきわめて従順で保守的な最高裁が、一方で相当の自律性を保持しているというパズルを整合的に理解しようとする野心的な試みである。

　そこでロー教授が注目するのがわが国の司法部の制度設計、具体的には司法部わけても最高裁が政治ないし世論にきわめて応答的である仕組みである。最高裁の人員構成を政治が決められること、および司法部の権力が最高裁長官に集中していることが、この仕組みを担保する。

　最高裁はアプリオリに保守的であるわけではない。それは最高裁長官と事務総局幹部からなる司法部のいわば総司令部が政治の意向を敏感に察知し、司法部内にそれを迅速に浸透させる制度がビルトインされていることの結果である。この集権的なシステムのおかげで、政権党は司法部を政治的にコントロールする作業を、この総司令部に委任するだけで事足りることになる。あるいは、この委任を裏切らない限り、もしくは裏切らない程度に、司法部はその自律性を確保できるのだ。「こうした巧みな策略の帰結が、司法の独立を形の上では十分満たすが、政府の要望にきちんと合わせ続ける司法部ということになる」（結論）。

　「サヨク」氏（原文では"Hidari"）という架空の人物を登場させることで、最高裁の保守的体質を巧みに浮かび上がらせている。当事者に対するインタビューを積み上げることで迫真性と説得力をもたせる分析手法も、ラムザイヤーのように統計解析の高度な数式を駆使する記述と

は違って、親しみやすくわかりやすい。

　そして私がみる限り、事実誤認はほとんどない。現在の竹﨑長官が長官としては例外的に小法廷の審理に加わっていることまでフォローしているのには脱帽した。ただ、掛け値なしの揚げ足取りになって恐縮だが、些末な事実誤認を2点だけ指摘しておく。

　第一に、第1章の③でエリート裁判官の出世コースとして、静岡地裁所長、千葉地裁所長、横浜地裁所長を同列に例示しているが、この評価は正しくない。出世コースは東京高裁管内地家裁所長ポストの中でも関東の地裁所長および甲府地家裁所長であり、静岡地裁所長はそれらと同格とは言い難い。これら3ポストの歴代就任者のその後の高裁長官への到達率をみても、静岡と他の二つとでは大きな開きがある。ついでにいえば、千葉地裁と横浜地裁でも格は違う。横浜地裁所長ポストには、事務総局の局付、課長を経験した「純粋培養」の司法官僚が集中的に就任している。

　第二に、第2章の②で最高裁裁判官は小法廷間を異動することはないとあるが、最高裁長官に限って例外はある（**表**参照）。

表　最高裁小法廷の異動例

裁判官氏名	出身区分	最高裁判事時の所属	長官就任＝配置換え期日	最高裁長官時の所属
矢口洪一	民事裁判官	第一小法廷	1985.11.5	第三小法廷
三好　達	民事裁判官	第一小法廷	1995.11.7	第二小法廷
山口　繁	民事裁判官	第三小法廷	1997.10.31	第二小法廷
		第二小法廷	1999.4.21*	第三小法廷
町田　顕	民事裁判官	第一小法廷	2002.11.6	第三小法廷
島田仁郎	刑事裁判官	第一小法廷	2006.10.16	第三小法廷
		第三小法廷	2006.11.1*	第二小法廷

*山口と島田は長官在任中に再異動。

　本稿にも言及があるように、長官は大法廷の審理以外は裁判実務に携

わらず、もっぱら司法行政が仕事となる。従って、小法廷所属は形式的なものであり、長官の属する小法廷は通常長官を除く4人で裁かれる。

　一方で、小法廷の人的構成について慣例的に確立されてきた原則は、民事裁判官出身者を各小法廷に最低1人、加えて、刑事裁判官出身者あるいは検察官出身者を各小法廷に最低1人というものである。ところが、ある最高裁判事が長官になってしまうと事実上の「戦力」とはならない。そこで、長官をはずした4人でもこの法廷構成を維持するために、長官就任と同時に上記のような異動が行われるのだろう。

　ところで、民主党政権になって新たに6人の最高裁判事が任命された。内訳は職業裁判官枠3、弁護士枠1、検察官枠1、学識者枠1である。政権交代があったとはいえ、出身枠はそのまま継承され、自民党政権時代とほぼ変わらない「順当」な人事が続いている。普天間問題など懸案山積で、とても最高裁判事人事まで手が回らなかったのだろう。唯一の例外は、女性を起用したいという鳩山由紀夫内閣の強い意向の下、学識者枠で岡部喜代子判事が誕生したことである。就任時61歳という若さも異例だ。これにより、最高裁ははじめて同時に2人の女性判事を擁するようになった。

　当時の竹﨑博允東京高裁長官が2008年11月25日に最高裁判事を経ずに14人抜きで最高裁長官に抜擢されたとき、政権交代に備えた保守的最高裁確保のための布石と言われた。就任時で竹﨑長官は定年退官日まで5年8か月もあり、これは近年では珍しい長期在任になる。本稿でも取り上げられているが、アメリカ大統領が比較的若い連邦最高裁判事を任命するのは、次の選挙で政権が変わっても連邦最高裁判事に空きができるのを防いで、前政権の影響力を維持するためだと言われる。選挙政治の面での同じ計算が働いて、自民党政権に竹﨑長官を推させたのではないか、というわけである。

　最高裁判事の後任人事について、最高裁長官が巨大な影響力を有しているのは本稿でも指摘されているとおりである。政権交代後も、竹﨑コ

ートは以前と同様の保守的最高裁を運営していくのだろうか。

　ロー教授は本稿の最後で、「司法部は政治的影響に対して、制度的に応答的であるまさにその理由で、政府が変わらない限り司法部もその路線を変えないだろう。〔中略〕最高裁が保守的であるのは、究極的には政府が保守的であるためであり、同時に日本の有権者の多数もまたそうであるためである」と述べている。民意はその潮目を変えたが、竹﨑長官という前政権のくさびを引き抜くほどのうねりになるかどうか。その帰趨は本稿の主張の妥当性を占うものとなろう。

第2部

日本で違憲立法審査が十分機能してこなかったのはなぜか

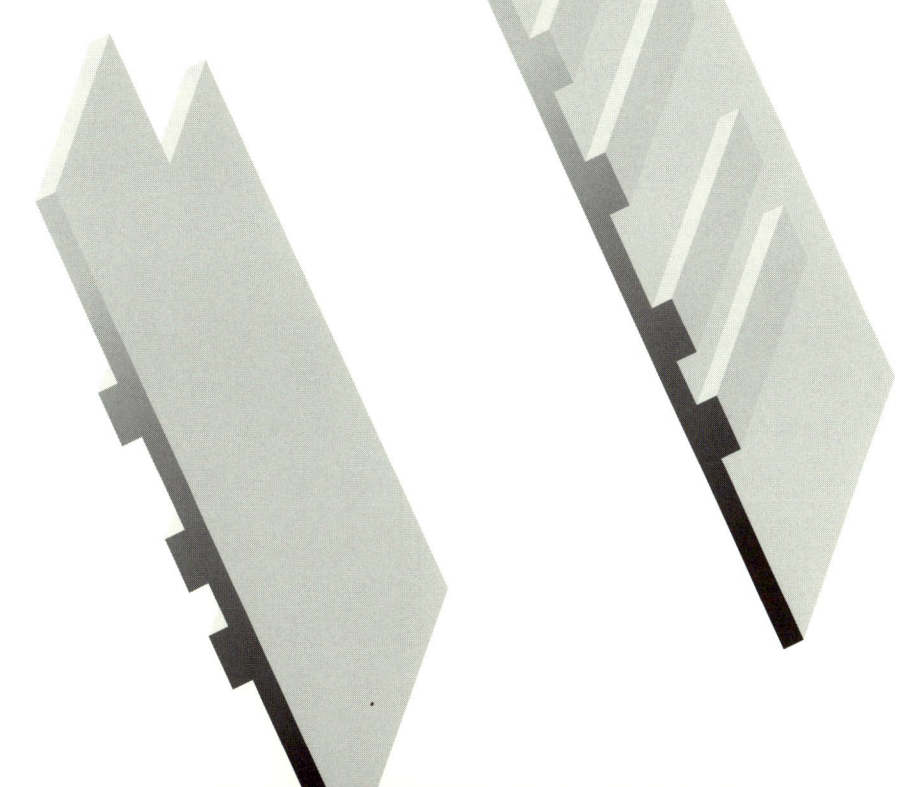

要旨*0

　日本の最高裁は違憲立法審査にきわめて消極的だった。本稿は、その理由に関する様々な歴史的、文化的、政治的、そして制度的説明を批判的に検討し、その活性化の途を探るものである。

　まず、文化的説明としては次のものがある。最高裁は行政府の官僚と同様の「官」の文化や日本社会の保守的傾向を共有している。日本社会では、対立は忌避され和が求められる一方、宗教的あるいは哲学的な軸が明確ではない、など。ただ、このような説明は、裁判官個人の選択の役割を軽視し、裁判官からその判決に対する責任を免除することになってしまう。

　次に、歴史的説明をみてみよう。明治時代の遺産、とりわけ裁判官が「二流の官僚」だという意識が今日まで及んでいる。違憲立法審査は日本の裁判官にとって「外来種の移植」だった。冷戦の重圧にさらされていた日本の支配層は、親米政権の存続を望んでいた、等々。しかしこれらでは、最高裁が時折示すリベラルな姿勢を説明することはできない。また、個人の行動を歴史の産物とみるのには無理がある。

　第三に、政治的説明である。それによれば、違憲立法審査に対する政治的制約として、外部からの制約と自己抑制とが考えられる。前者の場合、それはだれからなのか、後者の場合はなぜそうするのかが問われなければならない。前者については、保守政権が保守的な最高裁裁判官を指名・任命してきたという主張がある。しかし、最高裁自身があらかじ

めそうした人物しか候補にしないとみることもできる。後者については、最高裁が民主主義の規範を尊重しているからというよりも、戦略的に自己抑制を選んでいるといえよう。

　第四に、制度的説明は、内閣法制局による法案の事前審査が事実上の違憲立法審査になっている、判検交流が裁判官に「政府寄りの態度」を修得させている、などという。とはいえ、最高裁は内閣法制局をまったく顧慮しておらず、最高裁裁判官のうち判検交流経験者はごくわずかである。むしろ、司法官僚制の内部統制によって、構造的に保守的裁判官が出世面で優遇されていることが大きい。そして、彼らが最高裁事務総局入りして、保守的な最高裁裁判官の人選に大きな影響力を発揮するのである。

　それでは、司法官僚制の支配を断ち切り、違憲立法審査が積極的に行使されるようになるにはどうすればよいか。必ずしも職業裁判官ではない最高裁調査官を最高裁裁判官個々に割り当てる、憲法問題に精通する学者を最低でも各小法廷に１人ずつは入れる、さらには最高裁裁判官候補者を絞り込むための制度的メカニズムを作り出すことなどが考えられる。

序論

最高裁はなぜ違憲立法審査に消極的だったのか

　日本では、違憲立法審査はいくつかの意味で十分機能してこなかったと特徴づけることができる。すなわち、日本の最高裁が政府の行動を違憲無効とすることはほとんどなかった。そのため、政府権力に対して司法が憲法上の制約を守らせることは、理論的にはともかく現実にはかなり困難であった。また、最高裁が違憲立法審査権を実際に行使したまれな場合であっても、きわめて些末な事例を除けば、最高裁が政府にその判決に従った立法措置を実際に講じさせられるかは、疑わしいのである。最高裁は発足して60年以上になるが、その間に、最高裁が法令を違憲無効としたのはわずか8件にすぎない[*1]。それゆえ、日本の最高裁は違憲立法審査権行使の面では、「世界で最も保守的で慎重な最高裁」と言われ続けてきた[*2]。対照的に、日本の最高裁より若干遅れて発足したドイツの連邦憲法裁判所の場合、すでに600件以上の法律を違憲無効としており[*3]、日本とほぼ同じ規模の訴訟件数を抱えるアメリカの連邦最高裁は[*4]、同じ期間におよそ900件の法律を違憲無効としてきた[*5]。さらに悪いことに、日本の最高裁が一定の政治的あるいはイデオロギー的意味をもつ立法を違憲無効とした一領域——すなわち衆議院議員定数不均衡訴訟[*6]——[*7]においては、政府は数十年にわたって最高裁判決を無視してきた[*8]。

　本稿は、日本で違憲立法審査が十分機能してこなかったことに関する様々な歴史的、文化的、政治的、そして制度的説明を概観し批判的に検討していく。それらの説明の中には、司法部を自民党長期政権のイデオ

ロギー的同盟者ないしは奉仕者として描くものもある[*9]。あるいは、司法部の行動は政府もしくは国民、またはその両方の要望に対する、極端な服従の産物であると説明するものもある[*10]。さらに別の説明によれば、うっかり見落とされがちな理由から、司法部は憲法上疑問の余地のある多くの法律と対決せずに済んできただけだという[*11]。これらの主張の中には、日本の憲法訴訟に関するこれまでの学術文献でおなじみのものもある。あるいはそうではなくて、私が滞日中に行った研究者との意見交換や、（元）最高裁裁判官および官僚へのオフレコのインタビューの中で表明されたものもある[*12]。そして本稿は、次のことを主張して結ばれる。すなわち、日本の最高裁が違憲立法審査に踏みこみ不足だとみられるのは、制度改革を怠り人員と資源を相変わらず司法官僚制に頼り切っているからであると。さらに本稿はいくつかの改革案を検討して、それらが最高裁を司法官僚制のくびきからどれほど解き放つ効果があるかを探ることにする。

第1章
文化的説明

1 「官」の文化

　政府の役人すなわち「官」は特徴的な物の見方を共有し、裁判官すなわち「法廷の役人」も例外ではないとしばしば主張されてきた。[*13] その上、この共有された物の見方は単なる党派性、あるいは伝統的な左右のイデオロギーから見分けることができる。私がインタビューした裁判官の中には、日本の戦後期を通じて長く与党であった自民党に対する嫌悪感を隠さない者もいた。彼らは自民党を無能は言い過ぎにしても、腐敗しているとみている。しかしながら同時に、彼ら裁判官はある種の義務感をもって、安定の維持に協力し、少なくとも過去においては、戦後日本の経済的奇跡をもたらした政府と官僚たちのやることに口出ししなかった。研究者もまた、日本の裁判官はその地位によって、責任と抑制の意識を吹き込まれていると主張してきた。[*14]

　なるほど、日本の多くの裁判官はこのように考えているのかもしれない。しかし、この主張には誇張がある。日本の最高裁は必ずしもそのような方針に従ってきたわけではない。たとえば、横田正俊最高裁長官のリーダーシップの下、最高裁は1960年代末に労働側に有利な判決を言い渡した。そのことは保守層の怒りを引き起こすとともに、官公労のストを禁圧しようとした政府の企てを挫いた。[*15] 当時、自民党は労働組合と

の激しい政治闘争のさなかにあった。労働組合は共産党および社会党の支持基盤であった。最高裁が路線を転換したのは、横田の後継長官に保守的な石田和外が任命され、さらに幾人かの保守的な判事が任命されてからのことであった。*16 戦後日本の針路をめぐる労使間の大闘争に際して、最高裁が当初は自民党に抗おうとしたのである。このことは、すべての裁判官が政府に従順な態度をとるとは限らないことを示している。

2 日本社会の主流にある政治文化

　次のような主張もなされよう。すなわち、最高裁が違憲立法審査にこれほどまでに保守的なのは、日本社会が保守的であり、最高裁裁判官はその社会の一員でありその感覚を共有しているからであるにすぎないと。最高裁の行動は、日本社会の主流にある見解や価値観を単に具体化するものだと指摘する裁判官たちもいた。日本の憲法学者——政治的には革新的な傾向にある——からの常に声高な批判にもかかわらず、おそらく最高裁は現実には世論と「いくらか一致している」のかもしれない。*17

　多くの裁判官は真剣にこう信じているのだろう。自分たちの行動は日本社会の主流にある考え方を反映しているにすぎないのだと。もちろん、裁判官は彼らが属する社会の価値観を反映するように行動している。にもかかわらず、最高裁の保守主義はそれほど単純には説明できないのではないか。私がインタビューした人びとのうち、何人かは次のような一見矛盾する見解を述べた。すなわち、ある（元）最高裁裁判官が指摘したように、日本の裁判官は「日常生活や政治から切り離され」「ふつうの人々とつながる機会がない」というわけだ。*18 であれば、「切り離され」「つながりのない」裁判官の行動が、世論の主流をなす考え方に共感した結果だとは説明しにくい。同様に、最高裁に持ち込まれるほとんどすべての憲法上の要求をはねつけるほど、日本の政治文化が保守的であるとも考えられない。他の国々と同様に、憲法訴訟の原告の中には、きわめて

同情を集める人びとも時にはいる。たとえば、自衛官護国神社合祀訴訟の原告はそれにあたる。自衛官の夫を殉職で失ったキリスト教徒の妻が、護国神社に夫を合祀したことは信教の自由を侵害し、政教分離原則にも違反すると訴えた。だが、最高裁はこの妻の訴えを退け、敗訴が確定してしまった。[19] 最後に、日本の裁判官は政治的主流派に同調して振る舞っているにすぎないことが確かだとしても、そのことは次の疑問に十分答えていないのではないか。つまり、彼らは憲法の番人たる地位にあるのに、なぜそれらしく、政治的主流派の感情を逆なですることをほとんどしないのか。他の国々の裁判官はもっとしばしばそれを平然とやっているのだが。

③ 公然たる対立の文化的忌避

　最高裁が法令を違憲無効とすることに消極的なことの説明として、和という概念がよく用いられる。その言葉は正確には翻訳しづらいが、調和的な共存という日本的な理想をほぼ指していよう。[20] このために、日本人が対立を避ける一つのやり方は、言葉を文字どおりには受け止めないようにすることである。そして、裁判官がまさにそのようなやり方で行動するのは、一見して明白な憲法上の文言に直面した場合である。ある（元）最高裁裁判官によれば、最高裁が日本国憲法の平和条項である憲法9条を厳格に適用しないのは、法的原則とその適用に関するきわめて日本的な処理の仕方の産物だという。[21] つまり、日本人が「まさに信じているのは単語のもつ力であって、表記された単語の文字どおりの意味ではない」のだ。[22] もう1人の（元）最高裁裁判官は証拠を挙げて、そのような態度は司法部において慎重に教え込まれると述べた。この（元）最高裁裁判官による説明は以下のとおりである。自分が司法研修所――司法試験に合格した全員に司法修習を実施する機関であり、裁判官、弁護士、検察官いずれになる者もこの司法修習を受けることになる――の教[23]

官であったときには、裁判官志望の修習生に、公平さ以上に調和と和解が大事なのだと指導した。彼の言葉によれば、「他者とのコミュニケーションが最も重要なのです。なにが真実かはその次なのです」。[*24]

　最高裁が違憲立法審査に消極的なことを和に基づいて説明することには、いくつかの理由から疑問の余地がある。第一に、文化的規範を引き合いに出すことは、裁判官が彼ら自身の行動に対する責任を文化全般に転嫁するやり方である。憲法上の権利を擁護するのを犠牲にして、現状維持を支持し波風を立てるのを避けるのを裁判官が選択することは、まさしく選択である。そして、それは文化的規範の遵守という問題に矮小化できない選択である。文化はそのような選択を命じるものではない。日本の裁判官は、アメリカの裁判官と同様に、文化的慣習の奴隷ではない。そうではなくて、保守派が和の概念をさも当然のように引き合いに出すのは、現状維持がすでに意にかなっているからこそなのだ。ある日本の法学者が指摘したように、エリートが和の概念を引き合いの出すのは、他者が自分たちに公然と異を唱えないようにするためである[*25]。和に固執することは、意見の相違を拒否することに等しく、従って現状維持をあがめるに等しい。それゆえ、意見の相違に対して和の概念に訴えることは、保守派にとっては都合がよく、また自己の利益に役立つことになる。というのも、まさに彼らが権力を握っているのであるから。反対に、共産党ならば権力の外にとどまる限り、そのようなことはしないだろう。

　第二に、和の多様性を大ざっぱに文化的に説明してしまうことは、不正確な、あるいは時代遅れのステレオタイプに依拠することになりかねない。研究者たちが繰り返し述べてきたように、日本の政治は対立の不在あるいは調和への強い志向によって特徴づけられるほど単純なものではない。そのことは、日本の労使関係と日米安保をめぐって1960年代に生じた対立の広がりと激しさに明らかに示されている[*26]。あるいは、成田空港建設反対のために地元農民が行った長年にわたる物理的抵抗をみてもよくわかる[*27]。「日本人」についてのステレオタイプに主に依拠する

文化的説明は、多少疑ってかからなければならない。この説明はややもすれば、行動を説明するのではなく、日本人の行動を特殊だからだと片付けてしまいかねない。

　第三に、文化的説明に頼ることは循環論法に陥る恐れがあり、それが答えを与える以上の疑問を引き起こす。文化は行動の原因であるばかりか結果でもあるのだ。どちらかといえば、行動を説明するのは文化ではなく、むしろ文化を規定するのが行動なのだ。文化的規範あるいは合意が行動を後押しすると述べることは、なぜ人びとが規範あるいは合意に従い、それを無視したり破棄したりしないのかという疑問にまったく答えていない。文化的なものと次第に理解されるようになる行動のパターンは、それ自体で形を変えやすくまた状況依存的なものである。たとえば、20世紀初頭には、日本の雇い主は自分たちの労働者がアメリカの労働者と比べて、怠惰で浪費的で不実であると批判することができた。[*28] いま同じことが、日本の文化的特徴についてあてはまるかといえば疑わしい。

④ 日本社会の軸なき特徴

　次のような主張もまたなされるだろう。すなわち、憲法問題について絶対的なあるいは主義に強く裏づけられた立場を、裁判官が明確に打ち出すのに不可欠な宗教的あるいは哲学的基盤が、日本の文化には欠けていると。この点で、日本は軸のない社会と特徴づけられるかもしれない。それが意味するところは、行動についての規範的規制が、拘束的な道徳的原理、あるいはより高次のないしは超越的な真理の要求に基づいていないということである。[*29] 日本社会はキリスト教社会でもなければ、カント学派的社会でもないし、道徳的絶対主義に傾いているわけでもない。実際に、日本社会において正しい行動への道案内になるものは、合意および地位の関係であって、権威のあるテキスト——聖書であれ憲法であ

れ——からこつこつ集められたタイプのより高次な真理ではない。[*30]

　政治的リベラリズムを産んだものとははっきり異なる社会的条件が日本にはあり、儒教の遺産もある。そのことが、日本の社会的および政治的な思考方法の特徴をめぐる上述の説明を裏づけている。西欧のリベラルな政治思想は、カトリックとプロテスタントの数世紀にわたる宗教対立の、高い代償を支払って得られた教訓を反映している。それに呼応して、非和解的な信念をもつ人びとの平和的共存のための一連の政治的および法的制度や仕組みが、リベラリズムという知的環境の下で発達した。[*31] 宗教的合意が不可能であることに基づいて構築された政治システムは、合意を政治的な決定に達する基礎とはみなさない。しかしながら、日本にはかなりの勢力をなす宗教的、エスニック的、あるいは言語的少数派が存在しないために、次のことは驚くに当たらない。すなわち、ほとんどの他の自由民主主義諸国よりも日本社会では、合意がより達成可能であるばかりか、より大きな重みをもつかもしれないのである。[*32]

　より高次の真理についての感覚がないこと、およびそれに応じて、階層構造と合意が重視されることには、政治的および法的な含意がある。一方で、日本の裁判所には、もしそれが多数派あるいは政府の要求に抵抗したい場合に、依拠すべき道徳的あるいは知的遺産がほとんどない。敬虔さと道徳的絶対主義——さらにそれとともに、拘束的な戒律あるいは聖典という概念——が欠如しているので、裁判官はきわめて法実証主義的な大陸法的伝統に抵抗するための基盤をほとんど持っていない。[*33] 他方で、その同じ法実証主義的な大陸法的伝統が裁判官の役割について狭い概念しかもたないので、法規範の創造に関していえば、裁判所は国会や内閣より低い扱いを必ず受けることになる。[*34]

　この種の主張と一致して、ある（元）最高裁裁判官がいみじくも指摘したところによれば、最高裁の憲法解釈のやり方は、実際に日本の宗教的および道徳的遺産に深く影響されているのかもしれない。[*35] なぜ最高裁が国会の定数配分の領域で政府に大きな裁量権を繰り返し許しているの

かを説明するにあたって、その（元）裁判官は次のように述べた。すなわち、参政権などの文脈で「平等」は日本人にとっては「絶対的でなく相対的な」概念であるのに対して、キリスト教徒や仏教徒は、格差を彼らに容認させない「平等についてのより絶対的な概念」に同意すると[36]。

　たとえ、抽象概念にまつわるきわめて高次の文化的伝統が裁判官の行動に関連があるとしても、そのような伝統が、最高裁が違憲立法審査権の行使に消極的なことを十分に説明しうるとは考えられない。違憲立法審査を支持する全世界的な合意がますます形成されつつあり[37]、どこでも法的政治的言説において「権利の語り」があふれている[38]。このことからすれば、日本で違憲立法審査が十分機能してこなかったのは適切な規範的基盤がなかったためだとは、主張しにくくなっている。もし日本の最高裁裁判官が他国の最高裁と同じ熱意をもって憲法の番人としての役割を受け入れてこなかったとすれば、その理由は、彼らがそれを受け入れないことを選択したからであって、日本社会の軸のない性格が彼らにそうさせているわけではない。文化的伝統が司法行動にどのように影響を及ぼすかは、次のような「選択を行い実行に移す権力をもつ人びとによる選択」の行使を反映している[39]。すなわち、「この伝統を維持しどれを捨てるか、さらには選ばれた伝統をいかに維持しあるいは涵養するかをめぐる選択」である。日本の司法行動を文化的に説明することは、個人的な選択の役割を司法的政策形成から除外し、日本の裁判官からその判決に対する責任を免除することになってしまう。

第2章
歴史的説明

1　戦後に続く明治時代の遺産

　（元）最高裁裁判官の中には、日本の司法部の今日の保守主義を一部は明治時代の遺産だとみる者もいた[40]。明治憲法下で、日本の裁判官は司法省の指導と統制の下にあり、それに従って慎重で保守的で官僚的に行動した。日本国憲法は司法部をこの外部統制から解放し、司法の独立について様々なアメリカ式の保障を定めた[41]。しかしながら、行政部の官僚たちとは異なり、旧体制の裁判官たちは戦後の公職追放を免れた[42]。その代わりに、司法部の司法省からの解放は権力の真空をもたらしたが、それを埋めたのは結局、戦前から居座り続けた保守的な裁判官たちだった。ある批判的な元裁判官によれば、「守旧派」は一時的に影響力を失ったが、まもなく司法研修所の支配権、つまりは新人裁判官の養成と採用をめぐる支配権を握ることで息を吹き返した[43]。このことを言い換えれば、司法部が保守的に行動するのは、苦労して手に入れた制度的自律性を固守するためである、ということだ。つまり、司法部を運営する裁判官は自分たちの自律性をきわめて重んじるので、政府を敵に回したり司法部への政治的干渉を招いたりすることが起こらないよう細心の注意を払うのである[44]。

　一見しただけでも、なぜ日本の最高裁が違憲立法審査をひどく嫌って

きたのかについて、とてもこの説明だけではすべてを言い尽くしていないことがわかろう。問題は保守派が司法部の支配権を一時的に確かに失ったという事実にある。最高裁の今日の行動が明治時代の遺産を反映しているというために、まず説明しなければならないのは、この遺産がつぶされたあといかにして再建されたかである。宮澤節生が指摘したように[*45]、保守派が司法部の支配権を再び獲得できたのは政治的介入があったおかげであるとすれば、最高裁の行動を真に説明するのは政治的介入であって、明治時代の影響ではない。ないしは、司法部の貴重な独立を危険にさらす恐れが最高裁を自制させているとすれば、こう問われなければならない。何が最高裁を促してリベラルな幕間のあとその恐れを再び発見させたのか、あるいはさらに言えば、そもそも最高裁はいったいどうしてその恐れを克服したのか。

② 「二流の官僚」としての裁判官

　違憲立法審査が十分機能してこなかったことに関連する説明は、日本の裁判官が歴史的に、行政部あるいは立法部に敢然と立ち向かう意志も能力も欠いた「二流の官僚」だったというものである。ある（元）最高裁裁判官の言葉によれば、司法部は歴史的に日本官僚制の二流メンバーだった。すなわち「えり抜きのエリートはトップにまで登りつめたが、概して裁判官は二流の官僚止まりだった」[*46]。日本の最高裁裁判官が日本の司法部の力量と度胸をあざけるのを耳にすることは驚くべきことかもしれない。だが、こうした見方は矢口洪一元最高裁長官の見方を単に繰り返しているにすぎない。司法部の質と威信を高めたとしばしば称えられる矢口は、2006年に死去する直前にこうした感情を吐露した。

　　皆さんは、戦後の裁判所をご覧になって、「違憲立法審査権をもっと行使すべきだ」とおっしゃるけれども、今まで二流の官庁だっ

たものが、急速にそんな権限をもらっても、できやしないですよ。しかし、これからは「闘う司法」でなければ駄目です。それが今後の司法だと思う。[*47]

　日本の裁判官は「二流の官僚」であるがゆえに臆病であるという意見に矢口は賛成だったかをはっきり問われたとき、ある（元）最高裁裁判官は「たぶんそうだろう[*48]」と述べ、もう１人の職業裁判官出身の（元）最高裁裁判官は「半分はそうだ[*49]」と答えた。私のインタビューを受けた（元）裁判官の中には、司法部におけるキャリアの威信と魅力は過去数十年にわたって上昇してきたと述べる者もいた。しかしながら全員が意見の一致をみたのは、歴史的にみて日本の一流大学をトップで卒業した人びとは司法部に入ることを必ずしも望まなかったということである[*50]。ここ数十年間でみると、ベスト・アンド・ブライティストたちは行政官庁や一流企業に職を求めたのである。民間企業では、彼らは新日鉄、東京海上、さらには三菱銀行のような会社を選んだ。行政官庁では、大蔵省、外務省、次いで通産省（現在の経産省）に入った。さらに戦後は農水省がこれに加わった。一方、これらの「残り」が司法部に行ったのだ[*51]。戦前には司法省が司法部を支配していたので、司法部の威信は確かに高いものではなかった。こうしてみてくると、次のような裁判官像が浮かび上がる。すなわち、行政官庁のエリート官僚たちが立案し国会がろくに吟味もせずに成立させた法律に異議を唱えることができず、あるいはそれを好まない、そうした裁判官たちである。

　日本の裁判官が「二流の官僚」であるという見解は、幾人かの研究者が描いてきた司法部についての叙述と矛盾するように思われる。しかもとりわけ、そこでは学歴からみてエリート主義的な司法部の特徴が、しばしば強調されてきたのである[*52]。多くの研究者が指摘してきたように、司法部は歴史的に一流大学の卒業生を多く受け入れてきた[*53]。だが有意な相違が、超一流の大学の間にさえ存在する。東大と京大はともに多くの

裁判官を輩出している超一流の大学である。それでも東大の方が京大より上にみられている[*54]。しかしながら、司法部では京大の存在感は、東大のそれよりはるかに大きいのである[*55]。京大は東大に劣らず超一流大学であるにもかかわらず、京大の卒業生は行政官庁における出世競争において、東大の卒業生に比べて不利な立場に甘んじてきたといえるかもしれない。ある元裁判官が指摘したところでは、この「ちょっと格下」意識によって、京大の卒業生は司法部における出世を目指してきたのかもしれない。司法部であれば、京大の卒業生は行政官庁におけるほどには、不利な立場にあるとはあまり感じなかったのかもしれない[*56]。そのように自分で進路を決めることは、自身の将来を大きく切り開くことにつながる。というのも、OBのネットワークが将来の京大卒業生の任官と出世を後押しするからである（だが、このシンポジウム〔訳注：後述の訳者解説にあるワシントン大学で2010年に開催されたシンポジウムを指す〕へのラムザイヤーの寄稿が示しているように、学閥は結局のところ現実の生産性を説明するものではないのかもしれない）[*57]。一方で、少なくとも京大に匹敵する格をもつと一般に考えられているいくつかの大学——とりわけ慶應と早稲田——は、ずっと最高裁に卒業生を1人も出せずにきた。これはインタビューを受けた複数の裁判官が、注目すべきであり常識では考えられないとみなした事実である。

インタビューを受けた裁判官と研究者のうちの幾人かは、司法部におけるキャリアの威信と魅力は、戦後とりわけ矢口コートの下で高まったと答えた。ある（元）最高裁裁判官の指摘によれば、裁判官の地位の低さに関する矢口の見解は、矢口自身の世代の裁判官には心当たりのあることだったが、「古い思考様式」を反映したものだった[*58]。確かに、二流の官僚制の遺産を多少でも払拭するために、戦後改革によって裁判官はすべての国家公務員の中で最高の報酬を受け取ることになった[*59]。それでも、周知のとおり、裁判所は慢性的に人員不足で、優秀な新人裁判官をリクルートすることはきわめて困難である。実のところ、インタビュー

を受けた裁判官のうち人事に携わった経験のある者は、新人のリクルートが最も骨の折れる仕事だったと口をそろえる。そして、彼らはとりわけ、民間企業の待遇のよさが有能な新人裁判官の採用をどれほど困難にしていることかとこぼした。その一方で、インタビューを受けた研究者の中には、次のように推測する者もいた。すなわち、司法試験を突破できる少数のエリートにとって魅力的な就業機会が広範にあることを前提にすれば、職業裁判官の道を自ら選ぶ者はきわめて保守的であり、性格的にリスクをとりたがらないのではないかと。

　ほとんどの大陸法系諸国と同様に、日本もキャリアシステムをとっているために、有能で精力的な裁判官をさらにリクルートしにくくしている[*60]。日本の裁判官の圧倒的大部分は、司法研修所での司法修習を終了してすぐに法廷に配属される。彼らには民間企業で初任給を得る機会がないのだ。日本の裁判官の出世コースは年功序列的であるので、通常の裁判官の65歳という定年年齢（最高裁裁判官は70歳）を勘案すれば、司法部における最高の地位に到達したい者にとっては、若い年齢で任官することが不可欠になる[*61]。その結果、日本では任官希望者は経済的な豊かさを取るか裁判官としてのキャリアを取るかをめぐって、アメリカや他の英米法系諸国における同じ立場の者より、はるかに厳しい選択に直面している。英米法系諸国の裁判官は、しばしばすでに経済的に自立した者たちなのである。

　職業裁判官は英米法系諸国の裁判官に比べて、単に経済的に恵まれていないばかりではない。英米法系諸国では、裁判官はふつう裁判所入りする前に、民間企業あるいは公務員（あるいはその両方）ですでに充実したキャリアを重ね、従って、ゆるぎない自信、経験、そして個人的名声を有しているのである。対照的に、司法研修所を出てすぐに裁判官の道に進んだ日本の裁判官は、そのような資質を十分には備えていないように思われる。自分自身職業裁判官だったある（元）最高裁裁判官は、なぜ日本の裁判官が政府の判断ではなく自分自身の判断を示すことに躊躇

するのかを説明するにあたって、この事実を示唆した。彼の指摘によれば、司法研修所を出たばかりの若い裁判官は次のように自問するに違いないという。なぜだれもが——行政部のきわめて優秀で経験豊富な官僚たちであっても——自分のいうことをきかなければならないのかと[*62]。その（元）最高裁裁判官はこう付け加える。ある若い裁判官が「世界を変える」ことを望んだとしても、その裁判官は「自分の望みどおりに行動する前に強力な証拠を手に入れるように訓練」されることだろう[*63]。

③ 違憲立法審査の外来的な性格

　次のようなことがこれまで指摘されてきた。すなわち、歴史的にみて最高裁が違憲立法審査権の行使にきわめて抑制的だったのは、違憲立法審査が一般的な日本の裁判官の視点からすれば「外来種の移植」だったからだと[*64]。日本国憲法を通じて、司法の至高性の感覚を教え込もうとアメリカの占領当局が努力したにもかかわらず、日本の裁判官は法令を違憲無効とすることにどうしても慣れなかった。ある（元）最高裁裁判官は次のような見解だった。違憲立法審査と司法の至高性の概念はしばらくしてのち、国民と裁判官双方の間でようやく定着したのであり、従って最高裁が違憲立法審査にもっと積極的になるのはまだ先のことではないかと[*65]。

　一見しただけでも、この説明にはあまり説得力がないことがわかる。違憲立法審査を日本よりも遅く導入した国々の中には、ずっと短期間のうちにはるかに劇的な成果を上げている国もある。たとえば、カナダでは1982年になってようやく英領北アメリカ法が1982年憲法法に改称された。これ以前には、議会主権が理論と実践双方において準則であり、カナダが継承したイギリスの法的伝統には違憲立法審査の先例はなかった[*66]。しかしながら、ほとんどすぐに、カナダ最高裁は日本の最高裁をはるかに凌駕するペースで、重要な法律に違憲無効を言い渡しはじめた[*67]。

ずっと顕著なのはフランスの場合である。フランスは裁判官統治という考え方に対する広範かつ長年にわたる敵意を背景として、日本より10年以上遅れて違憲立法審査制度を限定的な形で採用した。*68 日本と同様に、フランスでは大陸法的伝統によって裁判官の法作成の役割は最小限にとどめられている一方で、*69 エリート行政官庁が法案の事前審査を行っている。その事前審査は少なくとも理論的には、既存の法体系との整合性をめぐる事後審査の必要性を軽減することを期待されている。*70 にもかかわらず、これまでフランスの憲法院はそれが審査した法律の3分の1以上について、憲法上の問題点を指摘してきた。*71

4　冷戦の影響

　注目に値するもう一つの歴史的説明は冷戦の影響である。健康で文化的な最低限度の生活*72 および労働者の団結権と団体交渉権を明文で保障し、*73 明確な平和主義を掲げた*74 日本国憲法は、冷戦によって日米両国の市民的自由に制約が課せられる以前の、ニューディール・リベラリズムの最後の記念碑とみなされるかもしれない。インタビューを受けた何人かが主張したように、なるほど次のことは疑いない。日本の多くの統治エリートは、共産主義の進出を抑えることが国家の存続にとって重要な問題であると感じており、とりわけ多くの裁判官は、このために憲法上の権利の厳格な行使を犠牲にするのはやむを得ないと考えていたのかもしれない。アメリカの連邦最高裁はマッカーシーイズムと赤狩りに屈したとしばしば言われている。*75 だが、共産主義の脅威は、どちらかといえば日本でより明白だった。日本はソ連、中国、そして北朝鮮を隣国として抱えるという危険な状況に置かれていたのである。

　ある（元）最高裁裁判官が強調したところによれば、多くのベテラン裁判官が行政部のエリート官僚とともに懸念していたことは、共産主義の拡散だった。国内的には、共産党が積極的で強力な労働運動と強い結

びつきをもっていた。[76]日本の周辺は資本主義と民主主義にとってますます非友好的な地域になっていた。中国と北朝鮮は共産党が支配するところとなった。韓国と台湾は民主的といっても、それは名ばかりにすぎなかった。タイにはクーデターが絶えなかった。一方、1980年代に入って、日本のエリートは日本の親米政権に浸透しそれを打倒しようとする強力なソ連と自分たちが対峙していることを確信させられた。[77]冷戦の期間を通じて、日本の司法部はイデオロギー的に一枚岩的ではなかった。司法部は平和擁護勢力と社会党員を抱えていた。しかしながら、これらに該当する裁判官は司法部内の権力闘争において幅をきかせることはなかった。[78]

　日本の憲法訴訟の判決に対する冷戦の影響は、参政権と表現の自由の領域でもっとも大きかったのかもしれない。農村から都市部への大規模な人口移動のために、日本の国会では議員定数の不均衡がますますはなはだしくなった。さらにこの定数不均衡は都市部に対して農村部に利するものだった。農村部の選挙区はたいてい保守的であり、自民党の支持基盤だった。それに対して、都市部は革新勢力の牙城であり常に不安定だった。ある（元）最高裁裁判官の指摘によれば、[79]政治的「安定」の名の下に、一票の価値の不平等は放置しても定数不均衡のおかげで政権を維持することを、自民党は「国民によって許されて」いたという。[80]これとは対照的に、労働基本権と表現の自由をめぐる訴訟は注目され左右激突の場だった。ベテラン調査官として最高裁の注目された訴訟に携わった、行政法にくわしいある有力な裁判官はこう打ち明けた。自分は自ら担当した表現の自由と政治的情宣活動をめぐる訴訟の原告に同情する気にはならなかった。というのも、原告が全員共産党員だったからだと。[81]

　「二流の官僚制」という説明と同様に、最高裁の保守主義についての冷戦に基づく地政学的説明も、少なくとも真理の一端を含む興味深い説明ではある。ただし同時に、それは全体を説明し尽くすものではもちろんない。なるほど冷戦は最高裁の憲法訴訟判決の重要な部分を説明す

のに役立つにせよ、冷戦はすでに終わってしまっている。日本における冷戦政治の終わりを最も劇的に強調したのは、1994年に自民党が社会党委員長を首相に担いで政権復帰を果たした事実である。アメリカ連邦最高裁は、マッカーシーイズムの時代を過ぎて、よりリベラルな立場を取った。共産主義のまことしやかな脅威が消滅したからには、なぜ日本の最高裁も同様の立場を取り得なかったのか。

　冷戦を根拠にした主張に関する——さらに言えば、日本の司法部の保守主義に関するあらゆる歴史的説明に関する——もう一つの問題は、きわめて単純なことだが、司法部は常に保守的に行動したわけではなかったということである。最高裁が発足した1947年に、社会党の片山哲を首相とした内閣は最初の最高裁裁判官15人を指名・任命した。三淵忠彦初代最高裁長官が在任中の3年間には、最高裁は幾分リベラルな傾向を示した。その後、1960年代末の横田正俊最高裁長官の下、最高裁は労働事件に関して画期的な判決を言い渡した。その判決は、公共企業体の労働者がストに参加した廉で刑事告発されるのを免じて、社会党の影響力が強い官公労組合の力を大いに鼓舞し、保守派の怒りを買ったのである。冷戦の重圧も司法部の「二流の官僚制」と言われる位置づけも、このリベラルな幕間を説明することはできない。さらにいえば、それらではいかに急速かつ劇的にこれらの幕間が終わりを迎えたのかを説明できない。

　歴史的および文化的説明を全体的に疑うべき理由もあると言わなければならない。個人の行動を集合的な規範あるいは集団的な歴史の産物として説明することは、個人の選択の重要性、および集団の行動それ自体をどの程度まで個人の選択を拡大した結果だとみなしてよいかを見過ごすことになる。日本の裁判官はとりわけ、彼らが抵抗できない社会的ないしは歴史的ナラティブにあって、考えないロボットではなく、無力な将棋の駒でもない。そうではなくて、彼らはあまりにも合理的で分別がありすぎるのだ。彼らが他の知的水準の高い人びとと同様に、過去の慣

習や古くさい思考方法を批判的に吟味できるまさにそのために、より革新的な立場を取るのをいとわなかった裁判官は多くいたし、さらにはそのような最高裁裁判官さえ存在してきた。問題はなぜこうした大胆な人びとが幅をきかせてこなかったかである。歴史と文化は彼らがいかに冷遇されてきたかを示してくれるかもしれない。しかし歴史は運命ではない。そして文化は政治的行動の原因であると同様に結果でもあるのだ。

第2部　日本で違憲立法審査が十分機能してこなかったのはなぜか

第3章
政治的説明

1　違憲立法審査に対する政治的制約：外圧なのか自己抑制なのか

　きわめて分別のある実直な人でさえも、最高裁による憲法判断はある意味で政治的であることを否定しえない。司法政治と選挙政治の関係はよくわからなくても、裁判所は数十年にわたって保守党支配と共存してきたのだから、少なくとも幾分は保守的に行動しがちであることは自明だろう。規範的観点からしてさえ、きわめて抽象的な言葉で書かれた憲法の条文を解釈するにあたっては、裁判所が政治過程と選挙結果にある程度の敬意を示すことは、健全ではないかもしれないがもっともなことである。もちろん、憲法の条文は国政にとって潜在的に深い含意を持っている。従って、問題は政治が日本での違憲立法審査権の行使を抑制してきたかどうかではなく、いかにしてそうしてきたのか、である。

　特に二つの問題が尋ねられなければならない。第一に、抑制が他の政治的アクターによって課される限りでは、だれがその抑制を課すのかである。第二に、最高裁が抑制を自己に課す限りでは、その理由は何かである。他から課される政治的抑制と自己で課すそれの区別は、当然ながら人為的なものだ。裁判所が自己抑制を選ぶのは、ひとえにそうしなければ他のアクターによって抑制をかけられてしまうとわかっているからだ。確かに、政治的アクターの立場からすれば、裁判所を統制するには

裁判所が自己統制してくれるのが一番好都合だろう。このやり方なら、司法の独立を建前上は犠牲にすることなく統制することができる。にもかかわらず、なぜ抑制の自他を区別するかといえば、そうしなければ手に負えないテーマを議論するにあたって有益だからである。

　だれが最高裁を抑制するかという問題に関しては、とりわけ二つの候補が挙げられる。政府と国民自身である。最高裁は政府の要求に応えるのか、国民のそれに応えるのか、あるいはこれら二つの組み合わせに応えるのか。アパンがラムザイヤー＝ラスムセンとヘイリーの間の長期にわたる論争を鋭く見抜いたように、実は双方とも「保守的な政治的価値観」が日本の司法行動を支配しているとみる点では意見が一致しているのだ。[86] それに代わって、双方で意見の一致をみない点は、「だれが最終的な主人なのか」である。[87] ヘイリーの見解では、司法部は一般国民の価値を共有し、[88] 国民の信頼をつなぎ留めることで政府の党派的な野心から自身を守っている。[89] 国民はといえば「中道右派的政策を圧倒的に支持する」[90]。従って、裁判所の保守主義を最終的に推し進めるのは、国民感情なのだ。対照的に、ラムザイヤー＝ラスムセンの見解では、保守政治家たちは数十年にわたって、裁判官の任命という強い手段を用いて最高裁を従わせてきたという。[91]

　ほかならぬこの意見の不一致は、言葉の軽蔑的な意味で学究的なものにすぎないと反論されるかもしれない。というのも、政治家自身は国民によって選ばれるのであり、その結果一方に従うことは他方に従うことになるのだ。しかしながら、問題は２人の主人は互いに対立しうるし、対立しているということだ。選挙で選ばれた政府の行動は、国民の多数派の要求を必ずしも反映するわけではない。たとえば、憲法９条の解釈[92]に関して、ある（元）最高裁裁判官はこう説明した。最高裁は一方での世論と、他方での政府見解および主要な同盟国からの外交的圧力の板挟みになることを重々承知している。[93] 世論の大多数は現在のところ憲法９条のいかなる改正にも反対である。[94] しかし、憲法９条の空文化は自民党

結党以来、自民党の綱領の中心的な項目だったし〔訳注：自民党結党時の綱領には憲法改正は謳われておらず、その下位に位置づけられる「党の使命」と「党の政綱」に掲げられた〕、いまでは民主党の綱領〔訳注：2013年2月まで民主党に綱領はなく、結党時にはそれに代わる「私たちの基本理念」を発表している〕の一部にもなっている。それと同時に、アメリカは日本に自国およびその周辺の安全保障により大きな責任を果たすよう圧力をかけてきた。[*95] この（元）最高裁裁判官の指摘によれば、最高裁は双方の陣営が擁する力量を承知しているまさにそのために、憲法9条という危ない橋を渡るのを自身が躊躇してきただけでなく、下級裁判所にもそうするのを抑止してきた。[*96] 言い換えれば、最高裁の対応は二つの対立する勢力を仲介したり、それらの間の中道を進んだりすることではなく、むしろなんらかの立場を取るのを完全に避けることだった。その結果、政府は望む政策を自由に遂行することができたのである。最高裁の行動はまた次のことも示唆している。つまり、最高裁が世論にも政府にも配慮しているようにみえることは、対立する両陣営のどちらにとってもメリットになるかもしれないのだ。

　第二の問題に関しては、明らかに最高裁は違憲立法審査にきわめて謙抑的であり、とりわけ政治的に微妙な問題が含まれる場合はそうである。[*97] しかし、最高裁が謙抑的である理由は謙抑的である事実と比べてはるかに明らかではない。最高裁が謙抑的であるのは、世論あるいは政府と対立することはその制度的自律性を危うくすると恐れているためなのか。積極的に違憲立法審査権を行使しても、政府が言うことを聞かないというやっかいな事態になるのを、最高裁は懸念しているためなのか。あるいは、最高裁が法律に違憲判決を出したがらないのは、民主的手続きを誠実かつ規範的に尊重しようとしているからなのか。残念ながら、社会科学者ならばだれでも証言するように、動機を確定することは難しい。動機は直接的に観察可能な経験的な現象ではないのだ。そして、様々な動機が同じ行動からしばしば推論されうる。

たとえば、ある（元）最高裁裁判官の次のような意見を考えてみよう。すなわち、最高裁が憲法判断を「政治的」とみなすのは、最高裁裁判官が「国民感情」に沿うように判決を決める圧力を感じるという意味だというのだ。*98 この意見は、なぜ最高裁が「国民感情」に応じるのかという問題に答えていない。最高裁裁判官が「国民感情」に注意を払うのは、彼らが規範的あるいはイデオロギー的にみて、そうすることが正しいと考えているためなのか。世論を無視すると最高裁あるいは司法部の組織的利害が脅かされると彼らが恐れているためなのか。あるいは、彼らが友人や隣人と意見が食い違うのを単に避けたいだけなのか。最高裁が世論に従うことを観察するだけでは、その背景にある動機が何であるかという重要な論点が明らかにならない。

第3章の[2]は外部からの抑制の可能性、とりわけ違憲立法審査がまれなのは政府が任命権を行使して最高裁を抑えてきたからだという主張を検討する。第3章の[3]は自己抑制の問題、もっとはっきりいえば、最高裁の自己抑制の性格が原理原則的なものなのか、戦略的なものなのかに焦点を当てる。

[2] 外部からの抑制：任命手続きを通じた政府の影響力

日本の最高裁が法令を違憲無効とすることはほとんどなかったのはなぜか。それは数十年間にわたって保守政権が保守的な最高裁裁判官を指名・任命してきたからにすぎない。こうみるのが政治的説明としてはわかりやすい。他国と同様に日本でも、政府がその望む政策に裁判所が異議を唱えないようにしたければ、イデオロギー的に親和的な裁判官を任命することである。ラムザイヤー＝ラスムセンの主張によれば、「日本の最高裁裁判官が自民党を支持する理由は単純である。すなわち、戦後期のほとんどにわたって、彼らはその都度自民党政権によって任用されてきたからだ」。*99

これに対してヘイリーは、政府が最高裁裁判官の人選に際して何らかの重要な役割を果たすという考え、さらには政府がイデオロギー的見地から最高裁裁判官候補者を選別しているという考えに強く反論する。[*100]ヘイリーの主張によれば、最高裁裁判官を人選するにあたっての首相の果たす役割は、天皇のそれと同様にきわめて形式的であり、[*101]実際には首相は最高裁長官から首相になされる推薦者に形式上の賛成を与えているにすぎない。最高裁長官はそれに先だって、最高裁の事務部門である事務総局の幹部裁判官から、候補者の選定について助言を受けているのだ。ヘイリーがとりわけ強調するのは、空席となる最高裁裁判官ポストの後任者について、首相が最高裁長官の推薦を拒否したことはこれまでないということである。[*102]彼が描くように、日本の司法部は政府から実質的に完全に自立している官僚制であり、「注意深く保守的な」幹部裁判官の指導の下、自分たち自身でやっていくことを任されているのだ。[*103]

　なるほど、日本の最高裁は保守的官僚制の一部であるが、[*104]それは決して、任命過程を通じた政治的操作を免れているわけではない。政府が最高裁の人的構成を決めるにあたって、いくつかの仕組みがある。これら仕組みのうちの一つ、しかし一つでしかないものが、最高裁長官の推薦を拒否できるという首相の権限である。その権限はそれが実際に行使されているかどうかにかかわらず、選考過程を強く拘束している。最高裁長官の推薦する候補者が首相によってあからさまに拒否されてしまう、あるいは最高裁長官のもつ非公式の推薦権が大いにないがしろにされてしまう、こうした事態は最高裁長官とってはあまり愉快なことではあるまい。だとすれば、最高裁長官は第一順位にイデオロギー的に受け入れがたい候補者を推さないよう注意を払うだろう。[*105]これがわかっているからこそ、首相は最高裁長官が推薦してくる候補者を「十分に吟味せずとも安心して承認する」ことができるのだ。[*106]加えて、司法部の指導層が政府のイデオロギーをすでに共有しているならば、政府が司法部の推薦する候補者を精査することは、ほとんど不要になる。ひとたび、イデオロ

ギー的に信頼できる指導層が整えば、司法部はその厳格な内部統制を通じて、イデオロギー的な一貫性を常に確保することができ、政府からのあからさまな干渉を招かずにすむのである。[107]

　しかしながら実際には、首相が拒否権を行使するかもしれないという脅威は、次の事実によって形だけのものになっている。すなわち、最高裁長官が了解を求めるために首相に候補者名を提出するかなり以前に、政府は候補者を拒否する機会をもっているのである。さらに言えば、いくつかのケースでは、司法部ではなく政府が候補者の最初の選考に責任を負っているのである。この責任は、最高裁裁判官のポストを様々な選出母体に割り当てるという長年にわたる慣行に由来するものだ。[108] 最高裁長官と事務総長が候補者を選ぶのは、職業裁判官に割り当てられる六つの最高裁裁判官ポストと、さらに法律学の学識経験者の通常充てられる１ポストのみであって、[109] 残りの八つのポストになると彼らは最初の選考過程では関与することはない。実際に、これら８ポストのうちの２ポストはたいてい法務省によって充てられ、[110] さらに２ポストは内閣自らが充てることになる。[111]

　最後になったが決して軽視できないことがある。それは、選考過程が舞台裏での交渉と合意形成──根回しとよばれる日本の典型的な決定方法[112]──に強く依存することによって、最高裁長官が政権に気に入られる候補者しか推薦しないことが、隠微だが効果的に担保されていることだ。[113] 人事に携わったことのある（元）最高裁裁判官が明らかにしているように、最高裁長官の首相への推薦は

> 最高裁長官が推薦する前に、何人かの候補者が首相官邸よってすでに審査される過程の単なる最終段階にすぎない。〔中略〕官房長官が事務総長とともに候補者選定の「交渉」に携わる。この事務総長とは最高裁長官によって任命され、その腹心を務めるポストである。〔中略〕首相と最高裁長官のこれら主要な側近がお互いに満足のい

く結論にすでに到達したあとでようやく、最高裁長官は首相に彼の（前もって承認済みの）推薦者名を伝えるのである。[114]

　従って、首相が最高裁長官の推薦を機械的に受け入れていることから、最高裁裁判官の指名・任命が政治的統制から免れていると推論することは明らかに間違っている。官邸によってすでに審査された候補者に対して首相が拒否権を行使しないのは、それがまったく余計であり、さらには、そんなことをすれば思慮深いどころか注目を集め当惑を誘う交渉事になってしまうからだ。

③　自己抑制：規範的か戦略的か

　私がインタビューした幾人かの（元）最高裁裁判官は、違憲立法審査がきわめてまれなのは、内閣と国会の意向には従うべきだという司法部の側にある規範的な義務感のためだとした。この種の主張は、違憲立法審査についてのいわゆる「反多数派支配主義のジレンマ」をめぐる果てしなく蒸し返されてきた議論から、アメリカの読者にはたしかによく知られている。[115] しかしながら、そのような主張の理論的根拠は、アメリカの連邦最高裁に比べて、日本の最高裁の場合は決して強くない。しばしば次のように主張される。アメリカ連邦最高裁の裁判官は、非公選であり民主的正当性に欠けているがゆえに、立法部に従うべきだと。対照的に、日本の最高裁裁判官は憲法に従って就任直後とその後10年の間隔で国民審査にかけられる。[116] しかもその最高裁が司法部を著しく統制している。従って、たとえ国民審査が実際には形骸化しているにせよ、[117] 少なくとも理論的には、日本の最高裁裁判官はアメリカの連邦最高裁裁判官にはない直接選挙的な正当性をある程度は有している。

　日本の最高裁が法令を違憲無効とするのを差し控えているのは、民主主義を尊重しているためである。こうした主張はおそらく当然のことだ。

というのも、この主張は日本の最高裁が違憲立法審査に臆病であることを、きわめて原則に基づいたものとみなすからだ。しかし、日本の最高裁が政府にたてつかないことには強力な実際的で戦略的な理由があるというのもまた事実である。棚瀬孝雄は次のように適切に指摘する。裁判官は政府に従わなければならないという主張は「規範的言説」であるかもしれない。だが、その主張はまた「彼らの戦略的選択と分かちがたく結びついている」[*118]のではないか。すべての裁判所と同様に、日本の最高裁は財力も強制力もないという事実と戦わなければならず、そのことが最高裁の戦略的選択肢の幅を狭めている[*119]。しかも、日本の裁判所はアメリカの裁判所よりその有する強制的手段がはるかに少なく、従ってはるかに不安定な地位にある。すなわち、日本の裁判所には法廷侮辱罪を発動する権限がなく、証拠開示を命じたりあるいはディスクロージャーを強制したりする権限もほとんどないに等しい。さらには、日本の裁判所は訴訟当事者に対する一種の継続的管轄権を行使しない。これがあれば、裁判所は訴訟当事者に判決を長期にわたって遵守させることができるのだが[*120]。

日本の最高裁はその意志を内閣あるいは国会に課する明白な手段をもたないことを自覚しているだけでなく、かねてよりその実態をさらしてきたのである。たとえば、日本の最高裁は一般の殺人より尊属殺人を重罰にしている刑法の規定を違憲とした。このとき、自民党が多数を占める国会はこの判決に大いに不満で、数十年にわたってその判決に対応しなかったし、刑法改正にも乗り出さなかった[*121]。あるいは最高裁は数十年にわたって、国会の定数不均衡は違憲の水準に達していると主張してきた。ところが、自民党は最高裁が示した基準をみたす定数是正をいまだに行っていない[*122]。最高裁には国会や行政部に判決を強制的に遵守させる、ないしはそのように促すいかなる手段があるか。こう尋ねられると、ある（元）最高裁裁判官はいとも簡単にこう応じた。「われわれにはなにもない」と[*123]。もう1人の（元）最高裁裁判官は最高裁の違憲立法審査権を伝家の宝刀にたとえた。すなわち、刀は鞘に収められており実際には

使われない。というのも、もし使われたら、刀は実際にはなまくらであることが露見し、従って刀がそもそも持っていたかも知れない価値をすべて台無しにしてしまうからだ。[124]しかし、最高裁はその無力さを目立たせないように自己抑制しているのだと、すべての関係者が同意しているわけではない。ある（元）最高裁裁判官の見立てはこうである。最高裁はその判決に対する国会の不作為にしばしば「失望」させられているが、最高裁の保守主義は立法部および行政部の反応を予想しての戦略的打算というよりも、最高裁それ自体の人的構成に究極的には関係している。[125]

　司法部の自己抑制が違憲立法審査を妨げる原因である。そうであれば、原則に依拠した多様性よりもむしろ戦略的な多様性が取り上げられるべきである。様々な訴訟に対して司法部の対処が一貫していないことは、この点を示唆していよう。アパンはこのシンポジウムに提出したペーパーで、その非一貫性を強調している。[126]アパンの主張によれば、一方では日本の裁判所は「積極的役割」を果たしてきた。すなわち、民法の一般条項を拡大解釈して、企業経営者を規制し女性と労働者に対して政府が望んだよりも保護的なやり方で離婚の規定を修正したのである。[127]この「立法部への不服従」は、日本の裁判官が民主的立法過程を原則に依拠して尊重し、法律を違憲無効としないという通念とはかけ離れている。[128]他方では、アパンが認めているように、違憲立法審査権の行使に関していえば、日本の裁判所が「司法積極主義」だと非難することは明らかにできない。[129]しかしながら、司法部が組織防衛のために戦略的に行動しているとみるならば、このくらい首尾一貫していなくてもちっとも不思議ではない。政府がもつ政策立案の権限を制限するより、政府が無効にできるやり方で私的行為を規制した方が、司法部にとっては波風が立たず、従って危険を冒さないで済む。多くの国民のために、血も涙もない企業や浮気にうつつをぬかす夫を懲らしめる政策を採用することと、日本国家の手を縛ろうとすることは、まったくの別物である。

第4章

制度的説明

1　内閣法制局による事前審査

　日本で違憲立法審査が十分に機能してこなかったことについて、もう一つ別の説明が可能である。すなわち、それは司法部以外のある機関が政府の行動の合憲性を担保する責任を負ってきたということだ。一部の研究者は、とりわけ内閣法制局の存在を最高裁が法令をめったに違憲無効としない理由として指摘する。フランスのエリート官僚機関であるコンセイユ・デタにならってつくられた内閣法制局は、政府立法の立案と審査に責任を負っている。[*130] それはまぎれもなく権威と影響力を兼ね備えた役所であり、他省庁から一時的に出向してきた80人前後のエリート官僚が内閣法制局参事官を務めるのである〔訳注：内閣法制局の定員は77人であり、そのうち内閣法制局参事官は兼職者を除き24人を超えることができない〕。彼らのほとんどは法務に関する豊富な専門知識をもっている。[*131] 常時、内閣法制局参事官のおよそ10％は裁判官や弁護士出身者である[*132]〔訳注：弁護士出身者はいない〕。さらに、内閣法制局の幹部経験者はしばしば最高裁判事に任命される。その彼らの多くには裁判官としての経験がない。内閣法制局への出向期間はたいてい5年ほどであり、この出向はたとえその者に法曹経験がなくても、ゆくゆくは最高裁判事に任命されるかもしれないエリートコースに乗ったことを意味する。[*133]

研究者や裁判官の中には、次のように主張する者もいる。内閣法制局が政府立法を法案の段階で入念かつ専門的に事前審査するので、最高裁は法律となったその成果物に憲法と矛盾する瑕疵をみつけだすことはほとんどありえないと[134]。さらに、多くの（元）内閣法制局参事官自身が裁判官からの出向者なので、裁判所ならどこまで許容可能かを予測する内閣法制局の力量はどうみても高められる。しかも、内閣法制局と司法部の結びつきのあり方からして、当然ながら、最高裁判事が以前に自分が内閣法制局参事官として審査にかかわった法律の合憲性を判断する立場に置かれることもあったのである。

　とはいえ、内閣法制局による事前審査がきわめて徹底的で効果的なので、最高裁は実質的になにもすることがないと考えることは、あまりに楽天的である。その点で、内閣法制局とフランスのコンセイユ・デタを比較することは有益である。内閣法制局と同様に、コンセイユ・デタは超エリートが集まる有能できわめて尊重される組織であり、法案の事前審査を行い、法案の合憲性について影響力のある助言を与える[135]。コンセイユ・デタは長きにわたって存続し、並外れた評判を得ている。それにもかかわらず、日本の最高裁がもっと長い期間に言い渡してきたより、はるかに重要な法律にはるかに高い頻度で違憲判決をフランスの憲法院は言い渡してきた[136]。もちろん、審査に付された法案の憲法上の瑕疵を精査する技量において、内閣法制局がコンセイユ・デタよりはるかに勝っているわけではない。

　内閣法制局の審査が最高裁に対して、たとえあったとしても、大きな影響力があるかどうかもまた疑わしい。内閣法制局が成立法案のおよそ80％を事前審査していることを前提にすれば[137]、内閣法制局の予防的な仕事は制定される「悪法」の数を減らす役割を果たしているはずである。しかしながら、内閣法制局が司法部から敬意をもたれているとは思えない。ある（元）最高裁裁判官は、最高裁が法律への違憲判決を躊躇するのは、単にそれが内閣法制局によって審査されたものだからだと指摘す

るのは「あまりに極端である」と述べた。[*138] もう1人の（元）最高裁裁判官は、内閣法制局の審査は最高裁に「何らの影響ももたらさない」とよりあけすけに語った。[*139] 同様に、最高裁の判決に影響を与える調査官は、内閣法制局にほとんど注意を払っていないようだ。私がインタビューした調査官は例外なく次のような立場だった。すなわち、自分たちおよび自らの部下の調査官は、内閣法制局であれ他のいかなる行政官庁であれ、それらの主張をほとんどあるいは全く斟酌していないと。

　確かに、憲法から逸脱した法律が制定されるのを避ける専門官僚によって、違憲立法審査がほとんど過剰になされているのではないかと考えることはやや行き過ぎだろう。だとしても、内閣法制局は疑いなく、最高裁もまたその一部である政治的生態系〔訳注：自然界の生態系において各動物が循環的な役割を果たしてそのシステムを維持しているように、政治システムにおいても各アクターが独立しつつも相互にシステム維持的な役割を果たしている様をこうよんでいる。2012年7月2日付ロー教授からのEメールによる〕の重要な部分であり、最高裁の行動を完全に理解するには欠かせないのではないか。とりわけ、内閣法制局のおかげで、最高裁は憲法9条の解釈と運用をめぐる潜在的な困難を回避することができたと考えられる。さもなければ、最高裁は降りかかる政治対立の矢面に立たされる羽目になったはずである。近年、内閣法制局はその憲法9条解釈を堅持しようとしていることに対して、自民党からの圧力にさらされてきた。内閣法制局の9条解釈があるために、政府の行動は制約されてきたのである。[*140] 内閣法制局は憲法9条解釈を確立させたし、さらにその姿勢にゆらぎはない。それが日本の防衛力増強を目指すこれまでの動きに対する避雷針として役立ってきた。この事実は、憲法9条問題を扱う際に最高裁にかかる潜在的圧力をおそらく軽減してきたことだろう。

② 司法部と法務省の人事交流の影響

　違憲立法審査が十分に機能してこなかったことについて、さらにもう一つの説明がある。それは日本の裁判官と検察官の密接な関係に関するものである。内閣法制局よりも、法務省ははるかに定期的に司法部との人事交流を行っている。判検交流として知られる人事慣行の下で、日本の裁判官のおよそ20％はその在職中に法務省のあるポストに勤務する。[*141] 判検交流で法務省に出向することは、裁判所に再び戻った際の裁判官の出世の見込みを高めるものである。[*142] 一方、司法部に出向した検察官は、立地条件のよい大規模庁で裁判官勤めをするという恵まれた待遇を期待できる。[*143] 検察官もまた最高裁裁判官ポストの慣例的な配分に預かっている。どの時代をとっても、最高裁裁判官のうちたいてい2人は検察官出身者である。[*144] この数には法務省への出向で検察官勤務の経験をもつ裁判官は含まれない。

　以下の二つの理由から、最高裁の法務省との結びつきは、違憲立法審査へのきわめて保守的なアプローチを助長していると考えられる。第一の理由は、法務省が民法と刑法を立案する役所であるという事実と関係する。民法と刑法は、裁判所が解釈し適用することを求められる実定法の重要な部分を構成する。仮に裁判官が訟務検事としての出向期間に、同僚だった法務省の官僚によって、あるいはさらに言えば、その裁判官自身によって立案された法律を支持する傾向を示すとしても、驚くに値しないだろう。[*145] 第二の理由は、検察官としての経験は裁判官をより保守的で政府寄りにする効果を持つかもしれないということだ。判検交流の慣行は、当該の裁判官が法廷に戻ったときに、彼らの行動に影響を及ぼす「政府寄りの態度」を修得する機会になっているとして批判されてきた。[*146]

　しかしながら、たとえ検察官としての経験が裁判官をより保守的にし

ているとしても、司法部の法務省との密接な関係がとりわけ最高裁の保守主義を十分説明しているとはいえない。なるほど最高裁裁判官となった検察官は保守的だとの評判を得てきたが、それでも彼らは最高裁の法廷メンバーからみてほんの少数派にすぎない。最高裁を構成する裁判官15人のうち、わずかに2人が検察官出身者であり、現在の最高裁裁判官で職業裁判官出身の6人のうち、たった1人しか法務省で勤務した経験をもっていない。[*147]

③ 司法部の官僚制的構造と内部規律

一部の研究者は、日本の下級裁判所の裁判官の保守主義について、次のような単純だが強力な説明を行ってきた。すなわち、司法部は強く統制された官僚制であり、そのトップを占める裁判官は保守的であり、これらトップの司法官僚は同質的な保守的な裁判官をひいきにし、反対にリベラルなさもなければ異端的な裁判官は左遷ポストに追いやると[*148]。とりわけ、ラムザイヤーとラスムセンは、中道左派の政治グループに属する、あるいは政治的に微妙な憲法問題に関して政府にたてつく職業裁判官が、その後の経歴面でそろって冷遇されていることについて統計的な証拠を集めた。それによれば、出身大学や判決の生産性のような要素をコントロールしても、そのような裁判官はあまり望ましくない任地のたいして重要でない裁判所に長く勤務し、昇給のスピードも遅い傾向にあるという。[*149]

下級裁判所の裁判官は保守的官僚制の意のままである。こうした主張は、彼らが保守政権に対して違憲立法審査権を行使したがらないことの説明としては、きわめてもっともらしい。しかし、それはなぜ最高裁もまたその権限を行使しないのかをほとんど説明していない。[*150] 下級裁判所の裁判官にはきわめてぴたりと当てはまる賞罰の論理は、最高裁の裁判官には当てはまらない。司法部の頂点にすでに達してしまったので、最

高裁の裁判官には事務総局によって栄転ないしは左遷させられるのではないかと思い煩う必要はない。しかも、少なくとも理論的には、彼ら最高裁裁判官は事務総局を監督し指導する責任を負っている。最高裁判事となれば、狙いうる唯一つの経歴上のゴールは、最高裁長官への昇格である。[*151] とはいえ、その動機は有意な期間に有意な数の最高裁判事に、大きな影響を及ぼしたとは思われない。実際には、職業裁判官出身者のみが最高裁長官への昇格を望み得るのであり、いつであれその条件を満たす5人くらいの最高裁判事のうち、何人かはすでに定年年齢に近いため、[*152] その候補からは外れざるを得ない。[*153]

　そこで、最高裁の行動を説明するために、ラムザイヤーとラスムセンは、最高裁裁判官の指名・任命に対する自民党の決定的な支配を強調する。彼らの主張によれば、最高裁が保守的なのは「ほとんどの裁判官が少し前に自民党によって任命された」という「単純な理由」のためである。[*154] しかしながら、この説明のやや難点を挙げれば、これが最高裁の保守的傾向と下級裁判所の保守的傾向を、異なる説明が必要な本質的に別個の現象として描いていることである。[*155] しかし、実際には両者の保守的傾向は深く絡み合っているのである。たとえば、ラムザイヤーとラスムセン自身が示す統計的証拠によれば、保守的裁判官の方が事務総局の重要ポストに任じられがちである。[*156] さらに彼らは、こうして事務総局入りした高級幹部が、最高裁裁判官候補者の審査と選抜にもかなり責任を負っていると指摘する。すなわち、保守的裁判官は最高裁を含む司法部の高級ポストに同じ傾向の裁判官を配置する傾向にあるということだ。政策選好を共有する後輩の裁判官を引き上げることは、その裁判官自身の政策選好を促進することでもある。このように、最高裁裁判官候補者を選ぶ裁判官自身が保守的であることによって、最高裁もまた保守的にならざるを得ない。とはいえ、ラムザイヤーとラスムセンはこの結びつきを明確には指摘していない。彼らはその代わりに、最高裁の保守主義の原因を、イデオロギー的に合わない候補者を出せば首相は任命を拒否し

かねない点に求めている。

　彼らとは対照的に、制度的要因こそが最高裁のイデオロギー的傾向を司法官僚制のそれと結びつけていると強調してきた研究者もいる。その指摘によれば、司法官僚制は保守的裁判官の出世を助長する。その結果、彼ら保守的裁判官自身が同様の傾向をもつ最高裁裁判官候補者を選抜することになるのだ。[*157] 私自身の見解は宮澤やオブライエンらの見解とおおよそ一致するもので、最高裁の行動は司法部の内部組織と最高裁が直面する政治環境の間の相互作用の産物だ、というものである。[*158] 最高裁の人的構成と最高裁裁判官を取り巻く資源と誘因は、次のような制度的構造によって直接的にも間接的にも形成されている。すなわち、その構造とは、服従を確保し逸脱を抑圧するきわめて効果的な手段を、行政ポストにある幹部裁判官に与えるものである。形式的には最高裁の一部局にすぎないはずの事務総局の影響力は、最高裁にも及んでいる。事務総局は、最高裁裁判官15ポストのうち6ポストを補充するために、職業裁判官の中から適任者を選び出す責任を負っている。[*159] それだけでなく、事務総局はまた調査官を完全に支配している。最高裁は、1年に1万件以上にものぼる上告事件をさばくのに、彼ら調査官なしではまったくやっていけないのだ。[*160] 換言すれば、最高裁は事務総局を指揮するが、弦を弾いているのは事務総局なのである。

　このように、司法行政と人事に関する権限が最高裁長官の指導下の事務総局に集中していることは、新政権が最高裁をイデオロギー的に方向転換しようとする際に十分に留意しなければならない。この権限集中のために、現在の民主党政権が最高裁をよりリベラルにすることを望んでも、とりうる手立ては現職の最高裁長官を交代させるのに数年間待つ以外にはほとんどなさそうだ。最高裁長官はたいていの場合、60歳代半ばから後半になってようやく任命され、70歳に定年退職するのだから、政府としては長くても4、5年待てば最高裁長官を交代させることができる。[*161] しかし逆に言えば、民主党がある理由から最高裁長官を交代させ

ることができないとすれば、民主党政権が任命の仕組みなどを通じて最高裁に影響を及ぼすことは、おそらくむずかしいだろう。

　民主党にとっての問題は、自民党がこれらの可能性をすでに見越していたように思われることだ。来るべき選挙で敗北が予想される政権が、そりが合う裁判官を任命することで影響力を残そうとするのはおなじみの戦略である。新政権はその裁判官をすぐには交代させることはできない[162]。日本では、絶大な権限が最高裁長官の手に握られている。そのため、この種の戦略に沿ったきわめて効果的な方法は、イデオロギー的に信頼でき、まだ若くて政権復帰するまで在任できる最高裁長官を指名することである。総選挙で大敗北が予想された自民党政権は、異例の若さで竹﨑博允を最高裁長官にした。これは偶然の一致ではないかもしれない[163]。最高裁裁判官が定年までに勤務する平均期間はたった5年半である[164]。しかも最高裁長官はほぼ決まってすでに最高裁判事となっている職業裁判官出身者から選ばれるので、最高裁長官はせいぜい2年から4年ほど勤務すれば定年を迎えることになる[165]。しかしながら、竹﨑は任命時点で最高裁判事ではなく、定年までほぼ6年を残していた[166]。最高裁長官が持つと一般に考えられる最高裁判事任命に対する影響力を、竹﨑が行使すると仮定しよう。そうなると、竹﨑の任命によって、民主党政権が最高裁の人的構成と行動を変えることは、少なくとも短期的ないし中期的にはむずかしくなっていると言わざるを得ない。

結論
司法官僚制の支配を断ち切る

　日本の最高裁がこれまで長らく違憲立法審査をきわめて保守的に扱ってきたという事実は、結局のところ驚くに値しない。裁判所が政治的環境からまったく無縁でいられると考えなければ、数十年にわたる中道右派の自民党政権が最高裁の行動にさほど影響を及ぼさなかったと考えることは非現実的である。さらに、政権がしばらく多少左よりになったとしても、司法部がどの程度素早くその方針に従うかは明らかではない。長い目で見れば、最高裁は政権の左旋回が続けばその効果に最終的には屈せざるを得ない。しかし短期的には、従来のやり方に固執する司法部の傾向は過小評価されるべきではない。すでに指摘したように、最高裁をすぐにでも変革しようと思っても、そこには一時的にせよやっかいな障害が立ちはだかっているのだ。すなわち、自民党は下野する直前に、次に政権担当するときまで在任可能なまだ若い最高裁長官を起用した。これは、単純だが効果的に影響力の残すことができる戦略に自民党がうまく巡り会ったことを意味する。[*167]

　しかしながら、最高裁が違憲立法審査に急には積極的にならないと思われる、より持続的かつ構造的な理由がある。それは、最高裁が人員と資源に対して階層制的官僚制に大きく依存している点である。官僚組織として、日本の司法部は気質的にも制度設計の点からも、政策について政府に異議を唱えるには適していない。ミリアム・ダマシュカが指摘するように、形態と機能は共生的である。すなわち、司法部が特定の方法

で組織されているという事実は、ほかよりある機能を遂行するのに適しているということだ。[*168]日本の司法部はとりわけ、ダマシュカならば「階層制的に」組織された司法部とよぶもので、「紛争解決」よりは「政策遂行」に適している。[*169]同調を確保し逸脱を処罰するために、過剰なまでの内部機構を抱える指導層に、大きな権限が集中している。この事実によって、司法部は政府の政策を伝達し実行する上での安定的で予測可能な機構になっている。

　反対に、そのような性格をもつ組織であれば、得意になって権威を無視する、あるいは政策的な事柄に関して独自の判断を行うことは、推奨されるはずもなければ、許容されることすら見込まれない。だが、裁判所が違憲立法審査の責任を果たすとすれば、保持しなければならないのは、まさにこれらの特質なのである。伝統的思考を体現している司法官僚の要求に従うことを植えつける組織のあり方は、違憲立法審査には決して結びつかない。というのも、違憲立法審査とは、政権担当者の要求を実行するよりもむしろ、それを精査し覆すことを必然的に伴うからである。

　最高裁が建前上は司法官僚制を監督しているからといって、最高裁が司法官僚制から独立しているわけではない。むしろ、かなりの程度まで、最高裁を文字どおり形作っているのはまさに司法官僚制なのである。日本の司法部を国家の政策執行部門――一貫性、規律、さらには権力を行使する人びとの感情への忠誠によって特徴づけられるもの――とは別のものに変えるためには、GHQが1946年に憲法制定過程に介入したことより以上に思い切った外科手術を必要とするだろう。1946年当時、GHQが介入したことで、形の上では司法部は司法省から解放されたかもしれないが、その根本的性格はほとんど変えられなかった。

　憲法原理よりも従順と正統を重んじる保守的で、純粋培養的な司法官僚制の支配から、違憲立法審査権の行使を解放するには、いくつかのやり方がある。違憲立法審査権は、通常の裁判所とは別個の特別の憲法裁

判所に与えられるべきだと指摘してきた研究者もいる。[*170]これは多くの他の大陸法系諸国がとってきたやり方で、しかも、一般的管轄権を持つ裁判所に違憲立法審査も委ねるアメリカ型のやり方よりグローバルにみてより一般的なやり方である。[*171]しかしながら、違憲立法審査の活発な行使を担保するために別の裁判所をつくることは、必要でも十分でもない。通常の裁判所から公式に独立した別の裁判所を創設するかどうかにかかわらず、改革を成功させるためには、違憲立法審査を実施するために必要とされる人員と資源に対する権限を、司法官僚制から剥奪することもまた目指されなければならない。

　理論的には、司法官僚制の重苦しい影響力は、特別の憲法裁判所を創設するのではなく、既存の最高裁を改革することによって取り除くことができよう。取り組まれるべき第一の問題は、最高裁が利用可能な資源を司法官僚制が支配しているという問題である。すでに説明したように、最高裁裁判官は最高裁調査官に大きく依存している。彼らは前例遵守に汲々としており、事務総局に首根っこを抑えられている。調査官を個々の最高裁裁判官に割り振れという泉徳治元最高裁判事の提案は、この問題を明らかに改善するだろう。これによって最高裁裁判官は、司法官僚制が維持するのに必死である法的な正統に、疑義を唱え挑戦するのに必要な資源を与えられるのである。[*172]確かに、調査官を選抜するにあたっての事務総局の役割を完全に排除し、最高裁裁判官に必ずしも職業裁判官ではない調査官を選ばせることができれば、事態は改善されるであろう。そのような改革は、最高裁裁判官に官僚制の価値と選好ではなくて、彼ら自身の価値と選好を反映する調査官を人選する機会を与えるだろう。

　取り組まれるべき第二の問題は、最高裁の人的構成をめぐる問題である。泉が指摘するように、常に少なくとも３人の憲法学ないしは公法学の研究者が任命されるようになれば——三つの各小法廷に１人ずつ——、最高裁は憲法問題についての専門知識を豊富に共有できるようになり、そのような問題が「活発に議論される」[*173]ようになろう。公法学の研究者

が議論の質と量を高めるという泉の見解は、さらに経験的証拠によって支持される。すなわち、法学者出身である最高裁判事は補足意見や反対意見をつけることがきわめて多い。この事実が裏づけるように、法律学の教授には知的独立性について折り紙付きの実績があるのだ。*174 さらにこう付け加えてもよい。そのような専門知識も議論も欠いている現状では、微妙な憲法問題を調査官が実際にさばけるとは思えない。彼らが司法官僚制によって選ばれたのは、先例を忠実に守るからなのだ。*175

　しかしながら、最高裁裁判官候補者を人選する責任が依然として司法官僚制の手中にあるのならば、公法学者のうちから何人かの最高裁判事が任命されることは、ほとんどありえないかもしれない。一般的に知られているように、弁護士の最高裁判事任命は日本各地の単位弁護士会の推薦に基づいて進められている。*176 これに対して、一つしかない法律学教授枠の人選に関していえば、司法官僚制を縛る類似の制度的あるいは手続き的制約は存在しない。*177 それゆえ、実際問題として、司法官僚制はその選択の分野はどうであれ、彼らがみつけ出しうるうちで最も保守的な法律学教授を自由に人選できる。

　従って、必要となるのは、最高裁裁判官候補者を絞り込むための制度的な仕組みを作り出すことである。それはかなりあるいは完全に最高裁長官と事務総長から独立しているものだ。内閣は候補者を見つけ出し評価する独立した力量を備え、あるいは獲得しなければならない。この方針に沿って、泉は裁判官、検察官、弁護士、および学者からなる「選考委員会」の設置を提案する。最高裁裁判官の指名・任命が行われるすべての場合に関して、これが内閣に助言する責任をもつのである。*178 選考システムがこのように包括的に整備されることは、いくつかの理由で望ましい。とりわけ、そうなれば最高裁の人的構成に対する司法官僚制支配を断ち切ることになるのだ。もちろん、委員会のメンバー自体が最高裁長官あるいは事務総長によって選ばれるのではなく、裁判官と検察官がその委員会を牛耳らないことが条件ではあるが。

独立した選考委員会の設置があまりに急進的だとすれば、より漸進的な方法としては、法律学教授の選考過程をすでに定着している弁護士からの候補者選考と同様に制度化することだろう。つまり、候補者の人選を法学者の組織あるいはロースクールのコンソーシアムに委ねるのである。日本の有力な弁護士会のそれぞれは、最高裁裁判官の出身分野別割当てからみて自分たちから最高裁判事が出せると考えている[179]。それとちょうど同じように、日本の有力なロースクールも交代で最高裁判事を事実上出せる仕組みをつくってみてはどうだろうか。実際に、ロースクールないし法律学教授の権威ある学術団体なら、自らのイニシアチブでそのような仕組みを実現させることに貢献できるだろう。最高裁判事に最もふさわしい候補者のリストを自ら公表すれば、その団体は司法部に、批判あるいは非難を避けるためにそのリストから候補者を選ぶようにそれとなく圧力をかけ得るだろう。この種の推薦はその実効性を確保するために公式に拘束的である必要は必ずしもないだろう。候補者リストに登載されていない候補者を選ぶことは、専門家の合意をあいまいな理由で無視し、それに代わって最高裁判事を露骨に政治的ないしイデオロギー的な理由で選んだことを自白しているに等しいからだ。そして、だれにきいても、日本の幹部裁判官はどうみられるかをとても気にするのだ。

《注》

＊０　筆者はワシントン大学（セントルイス）法学・政治学教授、国立台湾大学法律学院客員教授・フルブライト研究員、ニューヨーク大学法科大学院客員研究員。B.A., M.A., Ph.D.（スタンフォード大学）、J.D.（ハーバード大学法科大学院）、B.C.L.（ヨーロッパおよび比較法；オックスフォード大学）。本稿の基礎をなす調査研究は、私が慶應義塾大学法学部客員准教授として滞日した2008年に実施された。その際、外交問題評議会（CFR）が授与し日立が拠出する国際関係フェローシップ（IAF）から多大な研究資金の援助を受けた。ただし、本稿で表明される見解はまったく私個人のものであり、これら研究資金の拠出元とは無関係である。本稿は日本の数え切れない協力者の気配りと支援なしには完成しなかった。彼らの多くは匿名を条

件に協力してくれたので、ここで氏名を明かすことはできない。それでも、氏名を明かすことができる次の方々には謝意を表したい。田村治朗、ジェリー・マカリン、そして大沢秀介の各氏には慶應義塾大学でたいへんお世話になった。白井紀充、関根みず奈、そして竹村恭輔の各氏は、研究助手そして通訳として骨身を惜しまず協力していただいた。チエン・チー・リン氏の細部まで行き届いた編集作業にはたいへん助けられた。さらに、松井茂記教授と宮澤節生教授にはその該博な知識から有益な示唆をいただいたばかりか、本稿に不可欠な関係者インタビューの調整に骨を折っていただいた。最後に、フランク・アパンおよびワシントン大学（セントルイス）法科大学院で開かれた国際シンポジウム「日本の最高裁における意思決定過程」（2010年9月10・11日）の参加者各位から寄せられた有意義な指摘とコメントに感謝する。

*1　See David S. Law, *The Anatomy of a Conservative Court: Judicial Review in Japan,* 87 TEX. L. REV. 1545, 1547 (2009); Shigenori Matsui, *Why Is the Japanese Supreme Court So Conservative?,* 88 WASH. U. L. REV. 1375, 1388–92 (2011). さらに、行政行為に関しても日本の最高裁は違憲無効としないのを常としてきた。*See id.* at 1392–95.

*2　DAVID BEATTY, CONSTITUTIONAL LAW IN THEORY AND PRACTICE 121 (1995).

*3　*See Germany's Constitutional Court: Judgment Days,* ECONOMIST, Mar. 28, 2009, at 59（ドイツの連邦憲法裁判所は1951年に発足して以来、611件の法律を違憲無効としてきたと報じる）。

*4　*See Law, supra* note 1, at 1577 & nn.191–92（アメリカの連邦最高裁も日本の最高裁も概して1年間におよそ1万件の訴訟を抱えていると指摘する）。

*5　1953年から2009年まででみると、アメリカ連邦最高裁は262件の連邦法、566件の州法、さらに68件の条例を違憲無効とした。*See* Harold Spaeth et al., *2010 Release 02,* THE SUPREME COURT DATABASE, http://scdb.wustl.edu/data.php?s= 2 (Aug. 26, 2010)（違憲無効を測定する変数「UNCON（違憲）」を用いる）。連邦最高裁判事を個々にみると、何人かはその扱う法令の半分以上に違憲無効であるとの票を投じている。See Frank B. Cross & Stefanie A. Lindquist, *The Scientific Study of Judicial Activism,* 91 MINN. L. REV. 1752, 1774–76 & tbls.1, 2 (2007)（法令の違憲無効を含む訴訟をめぐる、バーガー長官時代およびレンクィスト長官時代における連邦最高裁判事の投票記録を要約する）。

*6　*See* Law, *supra* note 1, at 1547（「日本の最高裁が法令違憲としたまれでしばしばあいまいな条文規定」を要約する）; Matsui, *supra* note 1, at 1388–92（日本の最高裁が法令違憲とした個々の訴訟を示し、それら最高裁の違憲判決が「重要な政治的含意」をもつことはまれだったと指摘する）。このシンポジウムに提出された報告原稿において、ヘイリーは別の結論に達している。すなわち、彼がとりわけ主張するには、日本の最高裁がアメリカやヨーロッパの最高裁に比べて、立法部や行政部に対

してより謙抑的であると特徴づけるのは正確とはいえず、日本の最高裁は実際には「アメリカ連邦最高裁よりもかなり『リベラル』ないし『リバータリアン的』な判決を言い渡してきた」ということである。John O. Haley, *Constitutional Adjudication in Japan: History and Social Context, Legislative Structures, and Judicial Values*, 88 WASH. U. L. REV. 1467, 1470 (2011). 日本の最高裁は場合によってはアメリカの連邦最高裁よりも「かなり『リベラル』ないし『リバータリアン的』な」傾向を示してきた。こう主張する根拠として、彼が挙げるのは薬事法薬局距離制限規定をめぐる違憲判決であり、さらには郵便法免責規定をめぐる違憲判決である。*See id.* とはいえ、違憲立法審査権の行使によって政府を困らせるような事態はできるだけ避けたい。仮にもしこういう目標を日本の最高裁が自らに意識的に課していたとするならば、かなりあいまいでさして重要でないこれら二つの条文規定でさえ、それらが違憲無効であると判決することに、最高裁は相当苦慮したことだろうに。しかも、これらの訴訟は最高裁が保守的でないことを立証しそうにない。すなわち、薬事法薬局距離制限訴訟が『リベラル』ないし『リバータリアン的』であると特徴づけられるとして、その唯一の意味は、ロックナー判決とそこに示された経済的自由に対する反動的な支持に縮図的に示された意味においてなのである。*See* Lochner v. New York, 198 U.S. 45 (1905) (パン屋の労働時間めぐる規制は、契約の自由を侵害し違憲無効であると判示した)。

*7 たとえば次をみよ。最判1985・7・17民集39巻1100頁（金尾対広島県選挙管理委員会）、最判1976・4・14民集30巻223頁（黒川対千葉県選挙管理委員会）。

*8 衆院の議員定数不均衡を黒川訴訟で判示された範囲内に収めることを日本の国会が長年怠ってきたことに対して、最高裁は一連の訴訟において、定数配分が依然として違憲状態にあると繰り返し警告してきた。しかし、最高裁は是正を命じることとは一貫して避けてきた。*See, e.g.,* William Somers Bailey, *Reducing Malapportionment in Japan's Electoral Districts:* The Supreme Court Must Act, 6 PAC. RIM L. & POL'Y J. 169, 178–81, 184 (1997) (黒川訴訟に続く議員定数不均衡訴訟をめぐる最高裁判決とそれに対する国会の相変わらずの不作為を論じる); Law, *supra* note 1, at 1547–48 & n.11; Shigenori Matsui, *The Reapportionment Cases in Japan: Constitutional Law, Politics, and the Japanese Supreme Court*, 33 OSAKA U. L. REV. 17, 30–36, 40–42 (1986) (議員定数不均衡訴訟をめぐる最高裁判決に応じようとしない「国会の相変わらずの不作為」に対する、多くの裁判官ならびに識者の「深い挫折感」を指摘する）。; *Court Contradictory on Vote Disparity*, JAPAN TIMES, Nov. 18, 2010, available at http://search.japantimes. co.jp/cgi-bin/nn20101118a1.html (参議院の定数配分の合憲性をめぐる対立する二つの東京高裁判決を述べ、投票価値の不均衡が2007年の参院選以降現実に拡大していることを指摘する)。さらに、議員定数不均衡は政府が裁判所の違憲判決に対して非協力的だった唯一の案件ではない。*See* Law, *supra* note 1, at 1587 & n.257 (最高裁の尊

属殺重罰規定違憲判決〔最判1973・4・4刑集27巻365頁〕に従って、国会が刑法の規定を変更するまで、ほぼ20年かかったと指摘する）; Craig Martin, *Rule of Law Comes Under Fire: Government Response to High Court Ruling on SDF Operations in Iraq,* JAPAN TIMES, May 3, 2008, *available at* http://search.japantimes.co.jp/print/eo20080503a1.html（イラクへの自衛隊機派遣は憲法9条違反であるとしたが、原告の損害賠償請求はおきまりの理由から退けた名古屋高裁判決を無視して、派遣継続を表明した政府の姿勢を記述する）。

*9　後述の第3章の①と②をみよ。

*10　後述の第3章の①と③をみよ。

*11　後述の第4章の①をみよ（内閣法制局が法律案の事前審査を厳格に行っているので、違憲立法審査権は行使されずに済んでいるという主張を論じる）。

*12　筆者が行った匿名を条件としたインタビューの対象者は、次のような人びとだった。7人の（元）最高裁裁判官、2人の最高裁調査官（より正確には調査担当の裁判官） *see* Masako Kamiya, *"Chosakan": Research Judges Toiling at the Stone Fortress,* 88 WASH. U. L. REV. 1601 (2011)、さらに4人の（元）下級裁判所裁判官である。そのうち2人は宮本康昭と安倍晴彦であり、彼らはいずれも司法官僚制に公然と立ち向かった。*see* Law, *supra* note 1, at 1557 n.63, 1559、そして、彼らは実名を出すことに同意してくれた。『ワシントン大学ロー・レビュー』誌は匿名を条件としたインタビューの内容が事実であるかどうか確かめようがないので、それらインタビューからの引用の正確さについては、筆者がすべての責任を引き受ける。

*13　*See* John O. Haley, *The Japanese Judiciary: Maintaining Integrity, Autonomy,* and the Public Trust, in LAW IN JAPAN: A TURNING POINT 99, 126–27 (Daniel H. Foote ed., 2007); 東京で行われた明治大学の西川伸一教授へのインタビュー（2008年8月20日）。

*14　*See, e.g.,* HIROSHI ITOH, THE SUPREME COURT AND BENIGN ELITE DEMOCRACY IN JAPAN 280 (2010); Haley, *supra* note 13, at 127–28.

*15　*See* Law, *supra* note 1, at 1592–93; Matsui, *supra* note 1, at 1400–04; Setsuo Miyazawa, *Administrative Control of Japanese Judges,* 25 KOBE U. L. REV. 45, 58 (1991); Lawrence Repeta, *Reserved Seats on Japan's Supreme Court,* 88 WASH. U. L. REV. 1713, 1728–29 (2011).

*16　*See* Law, *supra* note 1, at 1592–93; Matsui, *supra* note 1, at 1400–04; Miyazawa, *supra* note 15, at 57–58; Repeta, *supra* note 15, at 1735–39.

*17　東京で行われた棚瀬孝雄中央大学法科大学院教授へのインタビュー（2008年6月26日）; *see also, e.g.,* Haley, *supra* note 6, at 1471（自民党が支配した戦後政治を「日本国民が中道右派の政策を圧倒的に支持している」証拠として引く）。

*18　E（元）最高裁裁判官へのインタビュー（日付は明かさない）。

*19　最判1988・6・1民集42巻277頁（自衛官合祀訴訟）; *see* DAVID M. O'BRIEN

WITH YASUO OHKOSHI, TO DREAM OF DREAMS: RELIGIOUS FREEDOM AND CONSTITUTIONAL POLITICS IN POSTWAR JAPAN 142–78 (1996).

*20　See, e.g., Hideo Chikusa, *Japanese Supreme Court—Its Institution and Background*, 52 SMU L. REV. 1719, 1724 (1999)（日本社会があまりに過密であることが、対立や公然たる反対は避けたいという動機を涵養していると論じ、訴訟では調停と和解が好まれるのはこの考え方から来ていると指摘する）; Shigenori Matsui, *A Comment Upon the Role of the Judiciary in Japan*, 35 OSAKA U. L. REV. 17, 26 (1988)（「『一味和合』という仏教の概念、己を社会に捧げることによって調和を達成するという主張」は、「権利と個人についての西欧的概念」を日本社会にとっては「なじみのない」ものにしているという主張を記述し、そのとらえ方を拒否する）.

*21　日本国憲法9条; see infra notes 92–96 and accompanying text.

*22　E（元）最高裁裁判官へのインタビュー，上記注18。字句どおりの解釈をこうして回避することは単に日本の文化ばかりでなく、日本語それ自体にも根ざしていると主張されてきた。日本語の文字は多様な意味を含んでおり、オブライエンによれば「話された言葉は文脈に従って意味を変える」のであり、「日本人はあまり正確でないことを期待している」。O'BRIEN, *supra* note 19, at 29. 加えて、文化の問題として、「間接的であいまいな態度を取るほうが、丁重で尊敬すべきものとみなされる」。*Id.* at 30. 彼が主張するには、その結果、日本人は「法的文書についてあいまいで融通無碍で裁量的に用いることに寛容なのである」。*Id.*

*23　See Law, *supra* note 1, at 1552.

*24　東京で行われたA（元）最高裁裁判官へのインタビュー（日付は明かさない）。

*25　東京で行われた紙谷雅子学習院大学法科大学院教授へのインタビュー（2008年6月27日）。

*26　See J. PATRICK BOYD & RICHARD J. SAMUELS, NINE LIVES?: THE POLITICS OF CONSTITUTIONAL REFORM IN JAPAN 23–25 (2005)（1960年の日米安保改定反対運動の盛り上がりを論じる。この運動は「日本の戦後史における最大の大衆運動」をもたらし、ついには岸首相を辞任に追い込んだのである）;MASUMI JUNNOSUKE, CONTEMPORARY POLITICS IN JAPAN 361–66 (Lonny E. Carlile trans., 1995)（戦後最大の労働争議である1960年3月の三井三池闘争を論じる）; John O. Haley, *Waging War: Japan's Constitutional Constraints*, 14 CONST. F. 18, 23–28 (2005)（日本の防衛施設の合憲性をめぐる長引く訴訟と司法部内部での権力闘争を記述する）; *supra* notes 15–16 and accompanying text（官公労働者のスト権をめぐって政治的に争われた問題に関する最高裁の立場の変遷を論じる）。日本の大企業の統括組織である経団連は炭鉱企業に協力した一方、全国各地から労働者がやって来てピケを張り、それは2万人規模に達した。ストに入って2か月して、三井が炭鉱の操業を再開しようとしたとき、1万人以上の警官隊と1万5000人の労働組合員が対決した。See MASUMI〔訳注：原文はJUNNOSUKE〕, *supra*, at 365.

*27　*See* DAVID E. APTER & NAGAYO SAWA, AGAINST THE STATE: POLITICS AND SOCIAL PROTEST IN JAPAN 79–109 (1984) (とりわけ、要塞化した地下道、バリケード、および人間の排泄物で埋め尽くされた濠の建設と、空港用地の収用に反対する農民と過激派による管制塔の武力占拠を記述する)。

*28　ジェラルド・カーチスは東芝の創業者である小林作太郎にまつわるうってつけの話を紹介している。1908年にアメリカを訪れた小林は、アメリカの労働者の職業倫理と会社への忠誠心に深く心を動かされた。これに対して、小林がそれまで日本で相手にしてきたのは、頑固で不実で融通の利かない労働者だった。日米の労働者を比較して、うちひしがれた小林は日本の労働者についてこう語った。「彼らになにかを教えることは、猫に念仏を唱えるのを教えるようなものだ。GERALD L. CURTIS, THE LOGIC OF JAPANESE POLITICS: LEADERS, INSTITUTIONS, AND THE LIMITS OF CHANGE 12 (1999). 小林はまた、アメリカ人が日本人とちがって、その給与を貯蓄しているのを称賛した。*See id.*　カーチスが述べているように、「アメリカ人の貯蓄率はいまや先進国の中で最低であり、日本人は貯蓄しすぎであると批判されている」。*Id.*

*29　この見方はもともとスティーヴン・ギヴンズに負っている。ジョン・ヘイリーはこのシンポジウムへの報告原稿で同様の指摘をしている。*See* Haley, *supra* note 6, at 1471 (「普遍的に正しい道徳的責務に対する広く共有される信念が、日本人の間には相対的に欠如している」ことを確認し、「東アジアの法的伝統が「自然法」の概念、ないしは法と道徳の間の概念的結びつきを決して発展させなかった」と述べる)。

*30　*See id.* at 1471 (「先験的規範ではなく共同体の規範が重要である」と主張する)。

*31　*See, e.g.*, RUSSELL HARDIN, LIBERALISM, CONSTITUTIONALISM, AND DEMOCRACY 1 (1999) (「政治的リベラリズムには、いくつかの信仰様式は禁圧されるべきだという宗教的要求への代案として案出された一面がある」と指摘する)。

*32　このことは、日本社会が全く同質的であることを示すものではない。日本には確かに程度の差こそあれ差別されているマイノリティが存在している。たとえば歴史的に迫害されてきた部落民、アイヌや琉球民族のような先住民と、さらには在日中国人・在日コリアンの子孫である。しかしながら、これまでのところ、そのようなグループは大規模な社会対立を引き起こしたり続けたりすることはできなかったのである。

*33　*See* Saïd Amir Arjomand, *Constitutions and the Struggle for Political Order: A Study in the Modernization of Political Traditions,* 33 ARCHIVES EUROPÉENES DE SOCIOLOGIE 39, 43–44 (1992) (不可侵の個人的権利という概念は「キリスト教によって導入された正義の超越性」とキリスト教神学がもたらした自然法の基盤を前提としていると指摘する) ; *id.* at 53 (歴史的事実として、伝統的な日本の規範的秩序には「世界宗教の神聖な法」が欠けているため、「人がつくった法と超越法の間の緊張感」が不在であると述べる)。

*34　*See supra* note 69 and accompanying text (大陸法の伝統は法作成における裁

判官の役割を重くみるのではなく、「裁判官を過小評価し立法者を称賛する」傾向にあることを指摘する）。
* 35　東京で行われたD（元）最高裁裁判官へのインタビュー（日付は明かさない）。
* 36　同上。
* 37　See David S. Law & Mila Versteeg, *The Evolution and Ideology of Global Constitutionalism,* 99 CALIF. L. REV. (forthcoming 2011)（違憲立法審査が世界的に盛んになりつつあることを実証する）。
* 38　*See, e.g.,* MARY ANN GLENDON, RIGHTS TALK: THE IMPOVERISHMENT OF POLITICAL DISCOURSE 11–12 (1991)（「第二次大戦終結以来、『権利』はあらゆるところで国民の意味をめぐる文化的枠組みの中に重要なものとして入ってきた。〔中略〕世界中で、政治的言説は権利、普遍的、不可譲、不可侵という言葉をますます持つようになっている」）。
* 39　FRANK K. UPHAM, LAW AND SOCIAL CHANGE IN POSTWAR JAPAN 221 (1987).
* 40　たとえば、B（元）最高裁裁判官へのインタビュー（日付は明かさない）（そこで彼は、最高裁は「保守的な」戦前の体制と「完全に手を切る」ことはできずにきたと述べた）；東京で行われた安倍晴彦弁護士・元裁判官へのインタビュー（2008年7月16日）；東京で行われた大出良知東京経済大学教授へのインタビュー（2008年8月6日）による。
* 41　*See* Haley, *supra* note 13, at 117–19.
* 42　*See* Miyazawa, *supra* note 15, at 57; sources cited *supra* note 40.
* 43　安倍晴彦へのインタビュー、上記注40；*see* Miyazawa, *supra* note 15, at 57（日本の法学教育に対する戦後の変化は「より自立心のあるリベラルな裁判官を司法部にもたらした」が、それに続く変化は「1968年前後の政治状況を反映して、保守的裁判官に支配権を取り戻させた」と述べる）。
* 44　東京で行われた戸松秀典学習院大学法科大学院教授へのインタビュー（2008年7月17日）をみよ。
* 45　*See* Miyazawa, *supra* note 15, at 57–59（現在の「行政支配のシステム」が「戦前の組織文化の遺産」を反映しているという主張は、［この］遺産を〔中略〕再興させた政治的要因の影響を当然の前提としていると述べ、司法部の右旋回の原因を、最高裁のリベラル路線を改めようとする「保守政治家からの圧力」の結果である石田和外長官の任命に求める）。
* 46　D（元）最高裁裁判官へのインタビュー、上記注35; *see also* ITOH, *supra* note 14, at 31（フランス、ドイツ、および日本のような大陸法系の職業裁判官は、立法部あるいは行政部の官僚と対抗し得る「力と技量をしばしば欠いている」というルイ・ファヴォルーの主張を引く）。
* 47　三宅伸吾（2007）『市場と法』日経新聞社、282頁（矢口長官の発言を引く）。

この発言の英訳は、ある元最高裁判事が口頭で訳してくれたものを書き写したものである（訳注：和訳にあたっては、三宅著の該当箇所を転写した）。

*48 東京で行われたB（元）最高裁裁判官へのインタビュー（日付は明かさない）。
*49 東京で行われたG（元）最高裁裁判官へのインタビュー（日付は明かさない）。
*50 A（元）最高裁裁判官へのインタビュー、上記注24; B（元）最高裁裁判官へのインタビュー, 上記注48; D（元）最高裁裁判官へのインタビュー、上記注35。
*51 D（元）最高裁裁判官へのインタビュー、上記注35。
*52 Haley, *supra* note 13, at 109, 115.
*53 *Id.* at 108; Setsuo Miyazawa, *Legal Education and the Reproduction of the Elite in Japan,* 1 ASIAN-PAC. L. & POL'Y J. 1, 22–24 (2000).
*54 *See* Miyazawa, *supra* note 53, at 23; J. Mark Ramseyer, *Do School Cliques Dominate Japanese Bureaucracies?: Evidence from Supreme Court Appointments,* 88 WASH. U. L. REV. 1681, 1683 (2011)（東大は伝統的に「ほとんどあらゆる学問領域で〔中略〕傑出している」が、京大は二番手にランクされると記述する）。
*55 Miyazawa, *supra* note 53, at 23.
*56 安倍晴彦へのインタビュー、上記注40。
*57 *See* Ramseyer, *supra* note 54, at 1682（司法部における京大卒業生に対する優遇について、唯一の「弱い」統計的証拠を提示する）。
*58 A（元）最高裁裁判官へのインタビュー、上記注24。
*59 *See* Miyazawa, *supra* note 53, at 22.
*60 *See* Law, *supra* note 1, at 1551–59（司法修習から任用さらには最高裁への出世の見込みに至る日本の裁判官のキャリアパスを記述する）; David S. Law, How to Rig the *Federal Courts,* 99 GEO. L.J. 779, 798 & n.69 (2011)（日本、チリ、フランス、そしてイタリアをキャリアシステムの採用国として挙げる）。
*61 *See* Law, *supra* note 1, at 1552 n.26.
*62 G（元）最高裁裁判官へのインタビュー、上記注49。
*63 同上。
*64 A（元）最高裁裁判官へのインタビュー、上記注24; *see also* Matsui, *supra* note 1, at 1400（最高裁発足当初の最高裁裁判官が違憲立法審査に不案内だったことが、現在の最高裁の「受動主義」の「根本原因」だと記し、初期の最高裁裁判官が傾倒していた「ドイツの実証主義的司法」には憲法審査の「伝統はなかった」と述べる）。
*65 A（元）最高裁裁判官へのインタビュー、上記注24をみよ。
*66 *See* JEFFREY GOLDSWORTHY, PARLIAMENTARY SOVEREIGNTY: CONTEMPORARY DEBATES 79 (2010)（カナダは議会主権の原理を依然としてある程度保っていると指摘する。すなわち、権利および自由に関するカナダ憲章にみられるほとんどの権利について、立法部による破棄を考慮に入れた憲法規定がある）。
*67 *See* F.L. MORTON & RAINER KNOPFF, THE CHARTER REVOLUTION &

THE COURT PARTY 30 (2000).

*68　*See* ALEC STONE, THE BIRTH OF JUDICIAL POLITICS IN FRANCE: THE CONSTITUTIONAL COUNCIL IN COMPARATIVE PERSPECTIVE 23 (1992)（フランスにおける違憲立法審査に対する敵意が「政治をおおう支配的なイデオロギー的ドグマ」だと特徴づける；*id.* at 39–40（アメリカ型の違憲立法審査は司法の統治だとするエドゥアール・ランベールの非難の「信じられないほどの影響」を記す）。つい最近まで、フランスには個人が法律の合憲性に異議を唱える司法上の仕組みはなかった。そのような異議申し立てができたのは、あるカテゴリーに属する政府の役人のみだった。しかもそれは当該法律の公布以前に限られていた。*See* Gerald L. Neuman, *Anti-Ashwander: Constitutional Litigation as a First Resort in France,* 43 NYU J. INT'L L. & POL. 15, 15–22 (2010)（憲法院の権限に関する当初の制限と2010年に施行された「予備的審査手続き」を記す。「予備的審査手続き」とは、一般の訴訟人によって提訴される憲法問題を裁くことを憲法院に可能にするものである）。

*69　*See* JOHN HENRY MERRYMAN & ROGELIO PÉREZ-PERDOMO, THE CIVIL LAW TRADITION: AN INTRODUCTION TO THE LEGAL SYSTEMS OF EUROPE AND LATIN AMERICA 56 (3d ed. 2007)（大陸法系伝統の重要な特徴——たとえば、「法実証主義」、権力分立のドグマ的取扱い、さらには「成文法化のイデオロギー」——「これらすべては、裁判官の価値をおとしめ、立法者の価値を高める」と述べる）。

*70　後述の第４章の①をみよ（日本の内閣法制局とフランスのコンセイユ・デタを比較する）。

*71　*See* STONE, *supra* note 68, at 121 tbl.5.1（1974年から1987年までで、憲法院は審査した92の法律のうち49を無効としあるいは削除したと記す）；Raphaël Franck, *Judicial Independence Under a Divided Polity: A Study of the Rulings of the French Constitutional Court, 1959–2006,* 25 J.L. ECON. & ORG. 262, 265 (2008)（1959年から2006年までで、憲法院は審査した317件の法律と条約のうち124件に違憲の判断をしたことを示す）。左翼政権の場合、憲法院ははるかに積極的になる。*See id.* at 265–67（憲法院は左翼政権の時代に審査した209件の法律と条約のうちの97件を無効にしたと指摘する）。1981年の１月から３月の間だけでも、憲法院は新たな社会党政権が定めた10件の主要な改革案のうち５件を却下した。*See* F.L. Morton, *Judicial Review in France: A Comparative Analysis,* 36 AM. J. COMP. L. 89, 94–95 (1988)。

*72　日本国憲法25条１項（「すべて国民は、健康で文化的な最低限度の生活を営む権利を有する」）。

*73　日本国憲法28条（「勤労者の団結する権利及び団体交渉その他の団体行動をする権利は、これを保障する」）。

*74　日本国憲法９条。

*75　*See, e.g.,* Dennis v. United States, 341 U.S. 494 (1951); Whitney v. California, 274 U.S. 357 (1927); Gitlow v. New York, 268 U.S. 652 (1925).

*76　D（元）最高裁裁判官へのインタビュー、上記注35をみよ。

*77　同上をみよ。

*78　同上をみよ。

*79　See GERALD L. CURTIS, THE JAPANESE WAY OF POLITICS 19–20 (1988)（「1960年代末までに」日本でみられたのは、「一連の都市部での異議申し立て運動と野党に支えられた多くの革新自治体首長だった」と指摘する）; ETHAN SCHEINER, DEMOCRACY WITHOUT COMPETITION IN JAPAN: OPPOSITION FAILURE IN A ONE-PARTY DOMINANT STATE 57–58, 162–63 (2006)（自民党が地方と農村の支持に依存していたことを論じ、地方に有利な定数不均衡によって「定数是正が行われていたなら得られなかっただろう過半数の議席を、自民党はおそらく獲得さえできた」と述べる）; Yoshio Sugimoto, *Quantitative Characteristics of Popular Disturbances in Post-Occupation Japan (1952–1960),* 37 J. ASIAN STUD. 273, 278, 281 (1978)（「労働組合員が一般大衆の不満の先頭に立っていた」ことを統計的に示す。「『太平洋ベルト地帯』の人口稠密都府県」でそれは顕著だった）。

*80　D（元）最高裁裁判官へのインタビュー、上記注35をみよ。

*81　東京で行われた匿名を条件としたインタビュー（2008年6月27日）（当該裁判官との部外秘の会話を記す）。

*82　*See* CURTIS, *supra* note 28, at 21–22, 195–96（村山富市社会党委員長が自民党との連立で首相になった政治的駆け引きを描く）。

*83　安倍晴彦へのインタビュー、上記注40をみよ; Shigenori Matsui, The History of the Japanese Supreme Court 6–8 (June 14, 2008) (unpublished manuscript) (on file with the author)（このプラカード事件を含む、三淵長官の下での最高裁判決を論じる）。

*84　*See supra* notes 15, 26 and accompanying text.

*85　*See supra* notes 28, 37–39 and accompanying text.

*86　Frank K. Upham, *Political Lackeys or Faithful Public Servants? Two Views of the Japanese Judiciary,* 30 LAW & SOC. INQUIRY 421, 447 (2005).

*87　*Id.* at 446.

*88　*See* Haley, *supra* note 6, at 1485.

*89　*See* Haley, *supra* note 13, at 127–28; Upham, *supra* note 86, at 446.

*90　*See* Haley, *supra* note 6, at 1471.

*91　*See* J. Mark Ramseyer & Eric B. Rasmusen, *Why Are Japanese Judges So Conservative in Politically Charged Cases?,* 95 AM. POL. SCI. REV. 331, 333 (2001); Upham, *supra* note 86, at 446.

*92　日本国憲法9条（「武力による威嚇又は武力の行使は、国際紛争を解決する手段

としては」放棄し、とりわけ「陸海空軍その他の戦力は、これを保持しない」と規定する)。

＊93　E（元）最高裁裁判官へのインタビュー，上記注18をみよ。

＊94　See Editorial, *The Constitution Today,* ASAHI SHIMBUN & INT'L HERALD TRIBUNE (Tokyo), May 5, 2008（朝日新聞が実施した世論調査によれば、回答者の66％が憲法9条改正に反対したと報じる）。

＊95　See BOYD & SAMUELS, *supra* note 26, at 17-19, 21（自民党内の改憲派の歴史とその後の再軍備を迫るアメリカの対日圧力の行使を記述する）。

＊96　See Haley, *supra* note 26, at 24-27（憲法9条を含む訴訟は理論的にのみ司法判断が可能だとする最高裁による統治行為論の採用を記述する）。

＊97　See, e.g., HIDENORI TOMATSU, KENPŌ SOSHO [CONSTITUTIONAL LITIGATION] 429（2 d ed. 2008）（最高裁はたとえば憲法9条を含むような「政治的に微妙な訴訟」に巻き込まれないようにしていると述べる）；E（元）最高裁裁判官へのインタビュー，上記注18（次のような指摘をする。最高裁が憲法9条をめぐる訴訟を回避してきたのは「政治的判断」を反映するものである。そして、日本の裁判官は全般的に「政治ぎらい」だが、一定の憲法訴訟については国民感情に照らして、憲法訴訟に関する「きわめて政治的な判決」を言い渡すほかないのだ）； *supra* notes 92-96 and accompanying text（憲法9条をめぐる論争を論じる）。

＊98　E（元）最高裁裁判官へのインタビュー、上記注18。

＊99　Ramseyer & Rasmusen, *supra* note 91, at 331; *see also* J. MARK RAMSEYER & ERIC B. RASMUSEN, MEASURING JUDICIAL INDEPENDENCE: THE POLITICAL ECONOMY OF JUDGING IN JAPAN 126 (2003)（自民党の指導者たちは「自民党びいきの者しか最高裁裁判官に任用しない」と主張する）； J. MARK RAMSEYER & FRANCIS MCCALL ROSENBLUTH, JAPAN'S POLITICAL MARKETPLACE 178 (1993)（「日本の裁判官は自民党という主人の代理人である」と主張する）。

＊100　See Haley, *supra* note 13, at 109（日本では「最高裁裁判官の任命に対して党派的あるいはその他の政治的影響力が働いていない」ことを賞賛する）； *see also* David M. O'Brien & Yasuo Ohkoshi, Stifling *Judicial Independence from Within: The Japanese Judiciary, in* JUDICIAL INDEPENDENCE IN THE AGE OF DEMOCRACY: CRITICAL PERSPECTIVES FROM AROUND THE WORLD 37, 59(Peter H. Russell & David M. O'Brien eds., 2001)（「裁判官の任命は最高裁長官と事務総局の推薦によるところが大きい。下級裁判所裁判官は自民党ないしはその他の政党の代理人というよりは、最高裁長官と事務総局の代理人である」）。

＊101　国事行為として、日本国憲法は天皇が「内閣の指名に基いて」最高裁判所長官を任命すると規定している。日本国憲法6条2項。一方、長官以外の最高裁裁判事を任命する権限は内閣に直接与えられている。日本国憲法79条1項。

*102 　See Haley, supra note 13, at 106–07.

*103 　Id. at 125; see id. at 114（日本の裁判官は「個別の訴訟に関しても司法部の構成に関しても、他のいかなる先進諸国の裁判官よりも政治的干渉から高い独立性を保持している」と述べる）; id. at 126（日本の司法部を「世界に類例をみない自律的に治められた官僚機構」とよぶ）。

*104 　E（元）最高裁裁判官へのインタビュー，上記注18をみよ（最高裁は「まさにもう一つの官僚組織」であると悲しそうに述べる）。

*105 　See RAMSEYER & RASMUSEN, supra note 99, at 63（最高裁判官候補者を選ぶ責任を負う裁判官たちは、「首相が同意すると彼らにはわかっている候補者しか実際には推薦してこなかった」と主張する）。

*106 　Ramseyer & Rasmusen, supra note 91, at 333.

*107 　See Law, supra note 60, at 804–05（日本の司法部は「生涯にわたる選抜と専門化の過程および恐るべき内部規律の仕組みの組み合わせのおかげで」、「政策の安定性」あるいは時代を超えた一貫性と予測可能性によって特徴づけられると主張する）。

*108 　See Law, supra note 1, at 1564–72（現行の最高裁裁判官ポストの配分について述べる）; Repeta, supra note 15, at 1716–39（最高裁の「指定席」システムの展開と巧妙な扱いについて記述する）。

*109 　See Law, supra note 1, at 1556–64, 1572–74.

*110 　See id. at 1565.

*111 　See id. at 1571–72; 後述の第4章の①（内閣法制局について述べる）。日弁連は残る4つの最高裁判官枠に充てる弁護士を推薦する。See Law, supra note 1, at 1566–69; Repeta, supra note 15, at 1737–39.

*112 　See Seki, infra note 130, at 185–86（法案の事前審査にあって内閣法制局がいかに根回しを用いているかについて述べる）。

*113 　See Law, supra note 1, at 1550–51.

*114 　Id. at 1550–51. 事務総局に勤務の経歴を持つある（元）最高裁裁判官は次のように詳述する。官房長官と事務総長の交渉に先だって、実質的な議論が官房副長官と事務総局およびその人事局長との間でなされる。これらすべては、最高裁長官が首相に最終的な候補者リストを儀礼的に提示するための段取りとなる。See id. at 1551; G（元）最高裁裁判官へのインタビュー、上記注49をみよ。

*115 　See ALEXANDER M. BICKEL, THE LEAST DANGEROUS BRANCH: THE SUPREME COURT AT THE BAR OF POLITICS 16–22（2 d ed. 1986）; David S. Law, A Theory of Judicial Power and Judicial Review, 97 GEO. L.J. 723, 727–30 (2009)（現代の憲法理論における反多数派支配主義のジレンマの重要性を指摘し、違憲立法審査は反多数派支配主義的であるという経験的前提に対する学界内での批判の高まりを記述する）。

*116 　日本国憲法79条2項（「最高裁判所の裁判官の任命は、その任命後初めて行は

れる衆議院議員総選挙の際国民の審査に付し、その後十年を経過した後初めて行はれる衆議院議員総選挙の際更に審査に付し、その後も同様とする。」）しかしながら、実際には国民審査が10年ごとに実施されるといっても、それは形骸化している。というのも、ほとんどの最高裁判官が任命されるのは、定年まで10年もない年齢になってからだからである。See O'Brien & Ohkoshi, supra note 100, at 53-54.

* 117　See Tokuji Izumi, Concerning the Japanese Public's Evaluation of Supreme Court Justices, 88 WASH. U. L. REV. 1769 (2011)（国民が最高裁についてほとんど知らないという理由で、国民審査の価値と有効性を疑問視する）.
* 118　棚瀬孝雄へのインタビュー、上記注17。
* 119　THE FEDERALIST No. 78, at 433 (Alexander Hamilton) (Clinton Rossiter ed., 1961)（「司法部は〔中略〕強制力も財力ももたないし、社会を強くするわけでも豊かにするわけでもない。そして積極的な解決策はまったく提示し得ない。あるのは力でも意思でもなく、判決だけだということが妥当かもしれない。そして最終的には、その判決の有効性に対してさえ行政部の助力に頼らざるを得ないのだ」）.
* 120　See Haley, supra note 6, at 1484（「法令を遵守させるための継続的管轄権」と「法廷侮辱罪を通じた強制力を行使する」英米法系の裁判官の権限を、ヨーロッパや日本の裁判官のより制限された権限と対比する）; Matsui, supra note 1, at 1413-16（とりわけ日本の司法部に法廷侮辱罪を発動する権限がないことを指摘する）; 東京で行われたマット・ウィルソン テンプル大学教授へのインタビュー（2008年6月20日）（日本の裁判所には証拠開示権限が制限されている点を強調する）.
* 121　See ITOH, supra note 14, at 148-49; supra note 8 and accompanying text.
* 122　See supra notes 6-8 and accompanying text.
* 123　D（元）最高裁裁判官へのインタビュー、上記注35。
* 124　E（元）最高裁裁判官へのインタビュー、上記注18。
* 125　B（元）最高裁裁判官へのインタビュー、上記注48。
* 126　See Frank K. Upham, Stealth Activism: Norm Formation by Japanese Courts, 88 WASH. U. L. REV. 1493 (2011).
* 127　Id. at 1493-94; see id. at 1499-1500（一連の住友セメント訴訟における、労働基準法の文言の解釈でみせた最高裁の騎士道的な取扱いを論じる）; id. at 1502（一般条項が設けられている意味は、「条文をそのまま厳格に適用してしまうと、その法律の目的と一致しない結果に至る訴訟において」、裁判所が「一般条項に依拠して正義を実現」できるようにするためであって、「根本的な規範を確立する機関としての立法部に一時的にせよ取って代わる権限を、裁判所に与える」ためではないと述べる）.
* 128　Id. at 1498.にもかかわらず、日本の裁判所は民主的過程に対してある種の敬意を表しているが、アメリカの裁判所にはそれがないと主張できよう。アパンの見解によれば、日本の裁判所には「規範を公然と変えたい」とする意図と、「法律につい

ての司法的声明を発した後に政治過程を作動させたいとする意図」が、——おそらく好意的に——バランスよく共存している。*Id.* at 1504. 彼の主張を口語的に言い換えれば、司法積極主義のアメリカ的ブランドは、立法部に最後の言葉ではなく最初の言葉を与える一方、その日本的ブランドは立法部に必ずしも最初の言葉ではなく、最後の言葉を与える。アパン自身はそう言ってはいないけれども、日本版司法積極主義は民主的立法作成により大きな敬意を表しているといえよう。というのも、日本では、立法部は司法部のアプローチを受け入れることも拒むことも自由であり、司法部の対応に煩わされないからである。

*129　*Id.* at 1494.
*130　西川伸一 (2000)『立法の中枢——知られざる官庁・内閣法制局』五月書房をみよ。Yasuo Hasebe, *The Supreme Court of Japan: Its Adjudication on Electoral Systems and Economic Freedoms,* 5 INT'L J. CONST. L. 296, 298–99 (2007); Mamoru Seki, *The Drafting Process for Cabinet Bills,* 19 L. IN JAPAN 168 (Daniel H. Foote trans., 1986); Richard J. Samuels, *Politics, Security Policy, and Japan's Cabinet Legislation Bureau: Who Elected These Guys, Anyway?* (Japan Policy Research Inst. Working Paper No. 99, 2004), available at http://www.jpri.org/publications/workingpapers/wp99.html.
*131　西川、上記注130をみよ。
*132　同上をみよ。
*133　同上をみよ。職業裁判官ではない元内閣法制局長官は、以下で論じるように、元検察官に事実上割り当てられている二つの最高裁裁判官ポストのうちの一つをたいていは占めることになる。
*134　*See, e.g., id.*; Hideo Chikusa, *Japanese Supreme Court—Its Institution and Background,* 52 SMU L. REV. 1719, 1725–26 (1999); Hasebe, *supra* note 130, at 298.
*135　*See* L. NEVILLE BROWN & JOHN S. BELL, FRENCH ADMINISTRATIVE LAW 14–24 (5 th ed. 1998).
*136　*See supra* notes 68–71 and accompanying text（憲法院の歴史、憲法院が立法を無効にしてきた比率、さらにはそれが無効にしてきた立法の重要性を論じる）。政策への影響力の点で日本の最高裁が決して太刀打ちできないほどの権限を憲法院がみせつけた事例は、産業及び金融部門の国有化という社会党の大統領ミッテランの看板経済政策を1981年に無効としたことである。*See* STONE, *supra* note 68, at 158–62.
*137　西川伸一へのインタビュー、上記注13をみよ。内閣法制局は議員立法を審査しない。
*138　B（元）最高裁裁判官へのインタビュー、上記注48。
*139　東京で行われたC（元）最高裁裁判官へのインタビュー（日付は明かさない）。

* 140 See Samuels, supra note 130; 西川、上記注130もみよ（内閣法制局は政治的圧力の下、憲法9条解釈を「どうにかやってのける」むずかしさに直面してきたと指摘する）.
* 141 *See* Miyazawa, *supra* note 15, at 50–51.
* 142 *See id.* at 50.
* 143 *See id.*
* 144 "Prosecutor"は法務省に勤務する法曹の典型的な英訳である。しかし、それは日本語でいうところの検事あるいは訟務検事のおそらく拙い訳語だろう。実際には、日本の検察官は行政の様々な分野における政府の弁護人である。アメリカ司法省の法曹のように、彼らは行政訴訟において国側を代表する。ところがアメリカとは違って、彼らは立法作業にも深く関わっている。
* 145 *See* Hasebe, *supra* note 130, at 298–300.
* 146 Miyazawa, *supra* note 15, at 51. このような見方は、司法官僚制自身の行動によってその妥当性が裏づけられているのではないかと思われる。宮澤節生が述べているように、事務総局は訟務検事の経験がある裁判官を、政府に有利な判決を出してくれることを最高裁が望んでいる微妙な訴訟に、意図的に割当てているのではないか。こう考えたくなるのである。*See id.* at 51–52.
* 147 *See Justices of the Supreme Court,* SUPREME COURT OF JAPAN, http://www.courts.go.jp/english/justices/index.html (last visited May 13, 2011). 本稿執筆の時点で、最も新しく任命された最高裁裁判官は寺田逸郎である。たまたま寺田は法務省での勤務経験をもつ最高裁で唯一の職業裁判官である。*See id.*
* 148 *See* RAMSEYER & RASMUSEN, *supra* note 99, at 17–25; Law, *supra* note 1, at 1551–64（日本の裁判官の任用および昇進の実態を記述する）; Miyazawa, *supra* note 15, at 57–59; Ramseyer & Rasmusen, *supra* note 99, at 333–34; Upham, *supra* note 86, at 453（「大陸法系の官僚的司法部に比較的詳しい読者でさえ、日本の司法官僚制の人事管理と硬直的な統制には驚かされるだろう」と述べる）.
* 149 See RAMSEYER & RASMUSEN, supra note 99, at 26–43; Ramseyer & Rasmusen, supra note 99, at 338–41.
* 150 *See* O'Brien & Ohkoshi, *supra* note 100, at 39（ラムザイヤーとその共著者は「下級裁判所のみを取り上げて、かなり奇妙なことだが、最高裁の作用には関心を示していない」と批判する）.
* 151 *See* Law, *supra* note 1, at 1550–51, 1589–92（最高裁長官を単なる「同輩中の首席」以上にしている独特の司法行政権限を記述する）.
* 152 *See id.* at 1522–23 n.25. 現長官の竹﨑博允は、最高裁長官は現職の最高裁判事の中から選ばれるという一般的なルールに従わずに昇格したまれな例外である。*See id.* at 1569 n.148.
* 153 最高裁裁判官に任命される職業裁判官は定年まで平均して7年勤務する。*See*

Law, *supra* note 1, at 1575. ここ数十年で、最高裁長官はほぼ決まって、最高裁判事を2～3年務めた職業裁判官がのぼりつめていた。このことによって、最高裁長官になると最高裁判官の平均より定年年齢により近づくことになる。*See id.* at 1522-23 & n.25. 現長官の竹崎博允はふつうより若い64歳で任命された。従って、彼は定年までほぼ6年間務めることができる。*See Justices of the Supreme Court: Takesaki, Hironobu,* SUPREME COURT OF JAPAN, http://www.courts.go.jp/english/justices/takesaki.html (last visited May 30, 2011). もっと一般的な任命例は竹﨑の前任の島田仁郎である。彼は68歳になる直前に最高裁裁判官に昇格した。それゆえその地位にわずか2年しかとどまることができなかった。同様に、島田の前任の町田顕の場合、長官として4年在任した。

* 154　RAMSEYER & RASMUSEN, *supra* note 99, at 63.
* 155　See RAMSEYER & RASMUSEN, supra note 99, at 63（あたかも別個の現象を指摘するかのように、「ほんとうに問題なのは最高裁の保守主義ではなく、下級裁判所の保守主義なのである」と述べる）。
* 156　*See* Ramseyer & Rasmusen, *supra* note 99, at 339（憲法9条あるいは定数不均衡訴訟で違憲判決を言い渡した裁判官が、その後事務総局に異動することはほとんどないことを統計的に示す）。
* 157　*See,* e.g., Miyazawa, *supra* note 15, at 59（事務総局の司法官僚は「立法部および行政部の支配的な政治的グループの見解」を共有し、「類似の考え方をもつ裁判官を事務総局や他の裁判官を統制するその他の重要な地位に就け」「互いに他をより高い地位へ昇進させている」と論じる）；O'Brien & Ohkoshi, *supra* note 100, at 44-48（最高裁長官と事務総局は、人事や最高裁判事の任命に大きな力をもち、「あまりに自律的あるいはあまりにリベラル」な裁判官を冷遇していると論じる）。
* 158　*See* Law, *supra* note 1, at 1587; Miyazawa, *supra* note 15, at 59; O'Brien & Ohkoshi, *supra* note 100, at 59（「司法官僚制の政治、選挙結果、および統治インフラの方が、日本国憲法に謳われた諸々の保障よりも、司法の独立――制度的独立と法廷における裁判官の独立の双方――を確立するにあたって、および違憲立法審査権の行使にあたって、きわめて重要である」）。
* 159　*See* Law, *supra* note 1, at 1557-64（最高裁裁判官にまで至る裁判官のキャリアパスを事務総局がいかにコントロールしているかを記述する）。その上、最高裁の人的構成に対する事務総局の影響力は時が経つにつれ強まる一方だった。というもの、最高裁ポストの弁護士への割当数が減らされ、職業裁判官への割当数が増やされたからである。*See* Repeta, *supra* note 15, at 1735-39（この割当数の再配分が最高裁を、意図はどうあれ、右旋回させたと指摘する）；B（元）最高裁裁判官へのインタビュー、上記注48（割当数の再配分は実際には最高裁に対する保守的統制を強化することを意図していたと指摘する）。
* 160　*See* Law, *supra* note 1, at 1577.

* 161　*See supra* note 153 and accompanying text.

* 162　*See, e.g.,* TOM GINSBURG, JUDICIAL REVIEW IN NEW DEMOCRACIES: CONSTITUTIONAL COURTS IN ASIAN CASES 22–30 (2003)（次の選挙で政権の座を失うことを恐れる現政権が、将来自分たちに取って代わる政権の要求を拒みそれに抵抗することができる司法部を作り上げることで、そのような見通しに対して自分で保険をかけることができるし、実際にそうしているという「政治的保険」命題を提示する）; RAN HIRSCHL, TOWARDS JURISTOCRACY: THE ORIGINS AND CONSEQUENCES OF THE NEW CONSTITUTIONALISM 11–16 (2004)（間近に権力の喪失を覚悟した支配エリートは、自分たちと同じ見解をもつ司法部を作り上げることで、自身の指導権を保とうとする「指導権確保命題」を提示する）; GORDON S. WOOD, EMPIRE OF LIBERTY: A HISTORY OF THE EARLY REPUBLIC, 1789–1815, at 418–20 (2009)（フェデラリストが1880年の選挙での大敗北に、司法部に新しいポストをつくり大量のいわゆる「深夜裁判官」を任命することで対処したと記す）; Ramseyer & Rasmusen, *supra* note 91, at 333（政権与党にとって、現職最高裁裁判官によるイデオロギー的ゆらぎの問題を極小化するために、定年年齢に近い最高裁裁判官を任命することが最適の戦略であると指摘する。しかし、政権与党がまもなく下野することが予想される場合には、比較的若い最高裁裁判官が選ばれるようである。その裁判官は経験を積むうちに立場の予測がしにくくなるかもしれないが、それでも長く在職するため前政権の影響を残しておけるのだ）。

* 163　自民党が竹﨑博允を最高裁長官に選ぶ際に慣例を破った時点で、自民党はほぼ支配を続けてきたこの50年以上で、未曾有の規模の破局的な選挙結果に明らかに向かっていた。*See Japan's Crashing Economy: Cold Medicine,* ECONOMIST, Feb. 19, 2009, at 44（総選挙が間近に迫っていたときの自民党政権の支持率は10％を下回っていたと報じる）。

* 164　*See* Law, *supra* note 1, at 1574.

* 165　*See supra* note 153 and accompanying text.

* 166　*See supra* notes 152–53 and accompanying text.

* 167　*See supra* notes 162–65 and accompanying text（竹﨑長官任命をめぐる政治的環境と竹﨑がいかに従来の慣行からはずれた候補者かを論じる）。

* 168　MIRJAN R. DAMAŠKA, THE FACES OF JUSTICE AND STATE AUTHORITY: A COMPARATIVE APPROACH TO THE LEGAL PROCESS 182–201 (1986).

* 169　*Id.* at 11–12, 94–96.

* 170　*See* Matsui, *supra* note 1, at 1416–19（憲法裁判所を別に創設するという提案が日本でなされてきたことを論じる）。

* 171　*See* Alec Stone Sweet, *Constitutions and Judicial Power, in* COMP. POL. 217, 223–24 & tbl.9.1(Daniele Caramani ed., 2008)（違憲立法審査について「ヨーロッパ・モデル」を採用してきた諸国は85か国あり、「アメリカ・モデル」を採用

してきた53か国より多く、さらに36か国は両モデルの混合モデルかその他の独自で分類不能のやり方を取っていると述べる）。

＊172　*See* Izumi, *supra* note 117, at 1779.
＊173　*Id.* at 1778.
＊174　*See* O'Brien ＆ Ohkoshi, supra note 100, at 57–58.
＊175　*See* Law, supra note 1, at 1581.
＊176　*See id.* at 1566–68.
＊177　*See id.* at 1572–74（法学者の中から候補者を選ぶ過程を「その場しのぎで定式化されておらず、その過程を導く事実上のルールも共通認識もない」と特徴づける）。
＊178　Izumi, *supra* note 117, at 1778.
＊179　*See* Law, *supra* note 1, at 1567.

訳者解説

　本稿は、David S. Law (2011), "Why Has Judicial Review Failed in Japan?," *Washington University Law Review*, Volume 88, Number 6, pp.1425-1466 の全訳である。筆者のデイヴィッド・S・ローは、注０にもあるとおり、ワシントン大学（Washington University in St. Louis）法学・政治学教授を務めている。また、本稿の原文はhttp://lawreview.wustl.edu/in-print/why-has-judicial-review-failed-in-japan/ からダウンロードすることができる。

　２年前にも私は、ロー教授の論文「保守的最高裁の解剖——日本の司法を審査する」を訳出している（政経論叢第79巻第１・２号〔2010年〕⇨本書第１部収録）。本稿はその続編として位置づけられよう。前稿と同じく本稿も日本の研究者の共有財産にもしたいと考え、ロー教授に邦訳を申し出てご快諾をいただいた。これまた前稿同様の拙い訳文で、かえってロー教授の労作に泥を塗ることにならないかと心配している。

　訳出にあたって、原文の疑問箇所についてはロー教授に直接メールで照会した。いつでも素早い回答をいただき恐縮した次第である。とはいえ、訳文のすべての責任はもちろん訳者にある。要旨は原文にないため訳者が作成した。原文における些末な事実誤認については、その直後に割注を設けて訳注として訂正を挿入した。

　ところで、前稿の訳業を進めている最中に、ロー教授から所属先のワシントン大学ロースクールで、日本の最高裁をテーマとした国際シンポ

ジウムを開催するので参加しないかとのお誘いを受けた。こんな「誘惑」はめったにないので、身の程もわきまえず、参加させていただくことにした。

このシンポジウムは、「日本の最高裁の意思決定過程（Decision Making on the Japanese Supreme Court）」と題して、2010年9月10-11日の日程で行われた。訳文中に出てくる「このシンポジウム」とはこれを指している。その参加者の予稿論文を、シンポジウムでの議論を踏まえ各参加者がリライトしたものが、『ワシントン大学ロー・レビュー』第88巻第6号として刊行されたわけである。

さて、冒頭の要旨でも記したように、本稿は日本の最高裁が違憲立法審査に消極的な理由を歴史、文化、政治、さらには制度の観点から考察している。

歴史や文化を持ち出すことは一見もっともらしい説明にはなるが、それでは裁判官個人が選択した責任の所在があいまいになる。本稿のこの指摘は的を射ていよう。もちろん、彼らの選択の背景には歴史なり文化なりが横たわっていようが、裁判は明確に裁判官個人の行動なのである。となれば、最高裁の違憲立法審査に対する消極性、言い換えれば最高裁の保守性は、どこにその原因を求めればよいのか。

政治的説明が一つの答えを提供する。保守政権が受け入れ可能な程度に保守的な人物しか、最高裁裁判官の候補者になりえなかったのである。保守政権がそれを明確に望んだのか、あるいは最高裁がそれを忖度して「無難な」候補者しか推薦しなかったのかは、時代によって異なるし、議論のあるところでもあるが。さらに制度的観点として、最高裁事務総局を頂点とした司法官僚制がそこに関与していることが挙げられる。その統制下では、保守的裁判官が出世する構造が組み上がっている。そして、彼らが最高裁事務総局入りして、最高裁裁判官の人選に大きな影響力を発揮する、すなわち保守的な人物を選ぶのである。

それでは、違憲立法審査を活性化するにはどうすればよいのか。ロー教授は具体的な提言をいくつか行っている。その詳細は本文に委ねるが、ここでも繰り返しておきたいのは次の点である。すなわち、最高裁裁判官15ポストのうち学者に割り当てられる枠について、候補者の選考過程を明確にするよう彼は主張するのだ。

　最高裁裁判官15ポストは、出身分野ごとにその配分数が事実上決まっている。それが各「既得権集団」の「株」のような存在といえる。それだけに各「既得権集団」の人選過程はおおむね「制度化」されているのである。ところが、この学者枠だけは選考過程がブラックボックスと化している。別の言い方をすれば、時の政権や事務総局の「恣意」が働きやすいと考えられる。これを透明化することは、違憲立法審査からみて小さなことのようで、実は大きな突破口になろう。

　ついでながら、先のシンポジウムには泉徳治、藤田宙靖の両元最高裁判事も報告者を務めた。とりわけ、最高裁の保守的性格をめぐっては藤田元判事が強い異議を述べたのだった。彼が提出した予稿ペーパーには「最高裁が法令を違憲無効とした例が数字〔中略〕の上で著しく少ないということから直ちに、最高裁が違憲立法審査に消極的であり、従ってまた人権の保護に対して消極的であるという結論を導くのは、少なくとも著しい飛躍である」と書かれている。

　このペーパーは、藤田宙靖（2012）『最高裁回想録』有斐閣、115-124頁に収められているので、本稿と併読すればより多面的な理解が得られよう。シンポジウムでもこの争点は熱い議論となった。余談ではあるが、その休憩時間にたまたま私がロー教授とバスルームで出くわした際、彼が"exciting!"と叫んだのをよく覚えている。本稿は日本の最高裁の違憲立法審査に関するまさに"exciting!"な業績だろう。日本政治の入り組んだ事情にまで目配りするロー教授の筆致には、羨望を通り越して嘆息するほかなかった。

　２日にわたる研究会の終了後、秋晴れの中、ロー教授ご夫妻からワシ

ントン大学の美しいキャンパスを案内していただいたことは、本当に楽しい思い出となっている。その夕べに、本文にもしばしば登場するヘイリー教授（John Haley；現在、ヴァンダービルト大学教授）のワシントン大学退職記念パーティーに同席させていただき、ヘイリー教授からお声かけいただいたことも感銘深く忘れられない。

　ちなみに、ロー教授の最新の研究成果は、2012年5月3日の『朝日新聞』で取り上げられている。彼は共同研究者とともに、成文化された世界のすべての憲法188か国分をデータ化し分析した。その結果、日本国憲法は現存する憲法の中で「最高齢」であるにもかかわらず、今でも不朽の先進性を備えていることが明らかになったという。

　そして、記事の最後は彼の次のコメントで結ばれている。「日本の憲法が変わらずにきた最大の理由は、国民の自主的な支持が強固だったから。経済発展と平和の維持に貢献してきた成功モデル。それをあえて変更する政争の道を選ばなかったのは、日本人の賢明さではないでしょうか」。この言葉に、私たちは憲法に自虐的であってはならないと教えられた。

訳者あとがき

　本書は以下の2篇の拙訳を一書にまとめたものである。
①デイヴィッド・S・ロー「保守的最高裁の解剖——日本の司法を審査する」『政経論叢』（明治大学政治経済研究所）第79巻第1・2号（2010年）183-266頁 ⇒本書の第1部収録。
②同「日本の最高裁が違憲立法審査に消極的なのはなぜか」『同』第81巻第1・2号（2012年）171-233頁 ⇒本書の第2部収録。

　刊行に際してこれらの訳文を今一度点検し、気づいたミスを訂正した。ケアレスミスや明らかな誤訳がいくつも判明して、まったく赤面する思いであった。その最大の直しは原意により忠実になるように、第2部のタイトルを上記拙訳②のそれから変更したことである。とはいえ、まだまだ不十分な訳文であることだろう。大方の叱責をいただくことになるに違いない。また、筆者は2008年の滞日中に7人の現職ないしは退職した最高裁裁判官にインタビューしている。すべて匿名なので、登場するA～Gの各裁判官のだれが現職者でだれが退職者か、当然わからない。原文では、Current or Former Member of the Supreme Court of Japanと表記されている。訳文では彼らの肩書きを「(元)最高裁裁判官」とすることで全体を統一した。

　さて、第1部の訳者解説にロー教授と私の「なれそめ」が書かれている。この「良縁」をとりもってくださったのは、青山学院大学法科大学院の宮澤節生教授である。そのお礼も兼ねて拙訳の抜刷りをお送りしたところ、出版するよう強くお薦めいただき、現代人文社の成澤壽信社長

をご紹介いただいた。宮澤先生には、第2部の訳者解説で言及されている2011年9月に開かれたワシントン大学（セントルイス）でのシンポジウムでも、たいへんお世話になった。重ねて感謝の意を表したい。

その後望外なことに、拙著（2012）『最高裁裁判官国民審査の実証的研究』五月書房が、第19回連合駿台会学術賞を受賞した。連合駿台会とは経済界で活躍する明治大学校友の親睦団体である。おかげで、副賞としていただいた賞金を本書の出版経費に充てることができた。拙著の推薦者となっていただいた中邨章明治大学名誉教授、同賞審査委員の先生方、そしてなによりも山口政廣会長をはじめ連合駿台会のみなさまに、厚く御礼申し上げる。

本書のタイトルは成澤社長と私で考えた。別途、英文タイトルと日本語版への序文をロー教授からお寄せいただいた。序文はまさに時宜を得た警世の内容になっている。その最後に付けられている謝辞で、訳者についてこれ以上ない過分な言及をいただき、訳しながら実に汗顔の至りであった。少しネグってしまえ、という悪魔のささやきが聞こえたが、原文も掲載されるとあってはそうもいかなかった。

ロー教授に本書刊行を打診したところ、「自分の最初の本が日本語で出ることになろうとは思ってもみなかった」（"I never imagined that my first book would be published in Japanese."）とたいへん喜んでいただいた（2013年2月18日付訳者宛Eメール）。前掲拙訳①では、原文に忠実に序論と結論を除いて2章構成にしたが、本書では分量および第2部とのバランスを考えて、3章構成にした。

ところで、第2部の第2章の②で、「ミスター司法行政」こと矢口洪一元最高裁長官の「闘う司法」という発言が引かれている。その意味を矢口の言葉で再び確認しよう。

「最高裁の政治的性格からいけば、違憲立法審査権が問われているんです。今の最高裁は、その消極性に対して文句を言われているわけで、やらなければいけないのです。今後の裁判所の行き方は、司

法行政みたいなものでやるのではなくて、裁判で、はっきりと『駄目なものは駄目』と言うことだと思うんですね。〔中略〕『闘う司法』でなければ駄目です。それが、今後の司法だと思う。」矢口洪一ほか（2004）『矢口洪一オーラル・ヒストリー』政策研究大学院大学、278-279頁。

折から、各地の高裁で昨年の衆院選をめぐる「一票の格差」訴訟で違憲判決が相次いで出されている。原告から「勇気ある判決」と讃えられるほどである。司法はそろりと軸足を「闘う」方向に移しつつあるようだ。なぜこれまで司法は「闘わなかった」のか。本書がその理解の一助になれば幸甚である。

2013年3月8日　東日本大震災から2年の日を前に、真の復興を祈念しつつ。

西川伸一

キーワード検索

【あ】

アパン, フランク 108, 115, 129, 140, 141
アメリカ合衆国憲法 vi
違憲立法審査（権）............ iv, x, 4, 57, 58, 59, 85, 86, 87, 88, 89, 91, 93, 96, 97, 98, 102, 103, 107, 109, 110, 113, 114, 115, 116, 118, 119, 120, 124, 125, 126, 130, 131, 134, 135, 136, 139, 143, 144, 147, 148, 150, 151
石田和外 55, 56, 79, 91, 134
泉徳治 30, 70, 126, 127, 148
伊藤博 .... ix, 26, 39, 56
伊藤正己 32
ウォレン, アール 9, 71
英領北アメリカ法 102
大越康夫 27
大阪弁護士会 24, 25, 68
大塚裕史 20
岡部喜代子 29, 83
鬼丸かおる 29
オブライエン, デイヴィッド 27, 122, 132

【か】

下級裁判所裁判官指名諮問委員会 12, 13, 62, 64
片山哲 105

官房長官→内閣官房長官をみよ
共産党（日本）.. 17, 55, 91, 93, 103, 104
共和党 36
国民審査 51, 77, 113, 140, 151
憲法院（フランス）.... 103, 117, 136, 141
権利の語り 96
公職選挙法 4
コンセイユ・デタ 116, 117, 136

【さ】

最高裁および最高裁裁判官は頻出なので省略
最高裁裁判官会議 19, 54, 61, 67, 74, 78
最高裁事務総局 2, 3, 8, 10, 11, 14, 15, 17, 18, 19, 20, 23, 25, 31, 32, 33, 39, 41, 42, 50, 52, 53, 54, 60, 61, 63, 64, 65, 66, 67, 74, 81, 82, 87, 111, 121, 122, 126, 138, 139, 142, 143, 147, 148
　　　―――人事局 15, 17, 18, 19, 20, 25, 53
　　　―――人事局長 15, 19, 20, 30, 31, 32, 139
最高裁事務総長 8, 15, 19, 20, 30, 31, 54, 59, 64, 67, 78, 112, 127, 139
最高裁長官（日本）................... vii, 2, 3, 5, 7, 8, 9, 15, 17, 19, 20, 21, 23, 26, 27, 28, 30, 31, 32, 33, 50, 52, 53, 54, 55,

56, 59, 60, 62, 64, 67, 69, 77, 78, 81, 82, 83, 84, 90, 91, 98, 105, 111, 112, 113, 121, 122, 123, 124, 127, 134, 137, 138, 139, 142, 143, 144, 151
最高裁調査官‥3, 14, 15, 38, 39, 40, 41, 42, 44, 45, 46, 47, 48, 59, 63, 73, 74, 75, 87, 104, 118, 122, 126, 127, 131
裁判官会議→最高裁裁判官会議をみよ
櫻井龍子 ……………………… 29, 67, 70
佐藤栄作 ……………………………… 55
自衛官護国神社合祀訴訟 ………… 92, 131
司法研修所 …… 10, 11, 15, 60, 61, 92, 97, 101, 102
司法修習 ……… 10, 11, 12, 13, 14, 60, 92, 101, 135
司法省（日本） ……………… 23, 97, 99, 125
司法政治 …………… 2, 3, 6, 49, 51, 56, 107
幣原喜重郎内閣 ……………………………… vi
自民党 …… vii, x, 2, 4, 5, 17, 29, 31, 36, 43, 49, 50, 51, 55, 57, 58, 71, 72, 76, 79, 81, 83, 89, 90, 91, 104, 105, 108, 109, 110, 114, 118, 110, 114, 118, 121, 123, 124, 131, 137, 138, 144
事務総局→最高裁事務総局をみよ
事務総長→最高裁事務総長をみよ
社会党（日本） ……… 58, 72, 91, 104, 105, 137
衆議院議員定数不均衡訴訟 ……… 130, 143
―――定数配分規定 ……………… 4
首席調査官 …… 14, 15, 40, 41, 44, 63, 74
上席調査官 …………… 15, 40, 41, 44, 63
職権破棄 ………………………… 37, 72
人事局→最高裁事務総局人事局をみよ
人事局長→最高裁事務総局人事局長をみよ

森林法共有林分割制限規定 ………… 4, 46
スティーブンス、ジョン・ポール ……… 53
青法協（青年法律家協会） ……… 16, 17, 55, 59, 61, 64, 65, 79
1982年憲法法（カナダ） ……………… 102
全逓中郵事件判決 ……………………… 55
尊属殺人重罰規定 ………… 4, 114, 130, 131

【た】

第一東京弁護士会（一弁） ……… 24, 25, 68
第二東京弁護士会（二弁） ………… 24, 68
竹﨑博允 …… vii, 27, 69, 82, 83, 84, 123, 142, 143, 144
田中耕太郎 ……………………… 27, 28
田中二郎 ………………………… 55, 79
ダマシュカ、ミリアム ……………… 124, 125
団藤重光 …………………………… 32
調査官→最高裁調査官をみよ
東京弁護士会（東弁） ……… 24, 26, 28, 68
都教組事件判決 ……………………… 55

【な】

内閣官房長官 ……………… 8, 76, 112, 139
内閣法制局 …… 15, 63, 87, 116, 117, 118, 119, 131, 136, 139, 141, 142
―――参事官 ……………… 15, 116, 117
―――長官 …………… 29, 30, 63, 141
日弁連（日本弁護士連合会） … 12, 13, 24, 25, 26, 31, 68, 139
日本国憲法‥ iv, v, vi, x, xi, 2, 5, 8, 17, 23, 30, 55, 92, 97, 102, 103, 138, 143, 149
―――9条 ………………… iv, 5, 43, 58, 59, 72, 76, 92, 108, 109, 118,

131, 132, 136, 137, 138, 142, 143
―――― 14条 vi
―――― 23条 vi
―――― 25条 .... vi, 136
―――― 26条 iv
―――― 28条 .... vi, 78, 136
―――― 81条 v
―――― 97条 v
―――― 98条 v
「二流の官僚」 86, 98, 99, 104, 105

【は】

判検交流 23, 87, 119
反多数派支配主義のジレンマ 113, 139
非嫡出子の国籍取得制限 4
福田博 30, 70
ブレナン・ジュニア, ウィリアム 9
ヘイリー, ジョン ...... ix, 31, 57, 81, 108, 111, 129, 133, 149
法廷侮辱罪 114, 140
法務省 23, 24, 30, 46, 68, 112, 119, 120, 142

【ま】

マーシャル, サーグッド 55
マーシャル, ジョン 54
町田顕 17, 65, 82, 143
マッカーシーイズム 103, 105
三淵忠彦 105, 137
宮川光治 35, 67
宮澤節生 .... iv, 10, 11, 20, 56, 57, 69, 79, 98, 122, 129, 142, 150, 151
宮本康昭 16, 56, 59, 64, 65, 131
―――― 再任拒否事件 16, 17

民主党（日本）........ vii, 72, 83, 109, 122, 123
民主党（アメリカ）............................ 36

【や】

薬事法薬局距離制限規定 4, 130
矢口洪一 82, 98, 99, 100, 134, 151, 152
郵便法免責規定 4, 130
横田正俊 90, 91, 105

【ら】

ラスムセン, エリック 17, 65, 66, 67, 108, 110, 120, 121
ラムザイヤー, J. マーク .... ix, 17, 36, 65, 66, 67, 81, 100, 108, 110, 120, 121, 142
連邦憲法裁判所（ドイツ）・4, 58, 88, 129
連邦最高裁（アメリカ）.... 37, 38, 51, 52, 88, 103, 105, 113, 129, 130
―――― 長官 9, 53, 54, 71, 77, 78
―――― 判事 9, 36, 53, 55, 64, 77, 83, 129
ロー・クラーク 38, 39, 40, 41, 48
ロバーツ, ジョン 53, 54

【英字】

GHQ（連合国最高司令官総司令部）... 125

◎筆者紹介

David Stephen Law（デイヴィッド・S・ロー）
　　　　　　davidlaw@post.harvard.edu
　　　　　　http://www.davidlaw.ca

略歴
1972年　カナダ・バンクーバー生まれ
1993年　スタンフォード大学学士（公共政策学）
1996年　ハーバード大学ロースクール法務博士
2000年　スタンフォード大学修士（政治学）
2003年　オックスフォード大学民法学士（ヨーロッパおよび比較法）
2004年　スタンフォード大学 Ph.D.（政治学）
現在　　ワシントン大学（セントルイス）法学・政治学教授
　　　　ジョージタウン大学客員法学教授

最近の業績
上記 HP 掲載の「Curriculum vitae」を参照のこと。

◎訳者紹介

西川伸一（にしかわ・しんいち）
　　　　　　nisikawa1116@gmail.com
　　　　　　http://nishikawashin-ichi.net

略歴
1961年　新潟県生まれ
1984年　明治大学政治経済学部政治学科卒業
1990年　明治大学大学院政治経済学研究科政治学専攻博士
　　　　後期課程退学
　同年　明治大学政治経済学部専任助手
1993年　同専任講師
2000年　同助教授
2005年　同教授
2011年　博士（政治学）取得

最近の著書
2005 年　『日本司法の逆説』五月書房
2007 年　『楽々政治学のススメ』五月書房
2010 年　『オーウェル『動物農場』の政治学』ロゴス
　同年　　『裁判官幹部人事の研究』五月書房
2012 年　『最高裁裁判官国民審査の実証的研究』五月書房

日本の最高裁を解剖する
アメリカの研究者からみた日本の司法
The Japanese Supreme Court and Judicial Review

2013年6月10日　第1版第1刷

著　者	デイヴィッド・S・ロー（David S. Law）
訳　者	西川伸一
発行人	成澤壽信
発行所	株式会社現代人文社
	〒160-0004　東京都新宿区四谷2-10 八ッ橋ビル7階
	振替　00130-3-52366
	電話　03-5379-0307（代表）
	FAX　03-5379-5388
	E-Mail　henshu@genjin.jp（代表）／hanbai@genjin.jp（販売）
	Web　http://www.genjin.jp
発売所	株式会社大学図書
印刷所	株式会社ミツワ
ブックデザイン	加藤英一郎

検印省略　PRINTED IN JAPAN　ISBN978-4-87798-551-6　C3032
Ⓒ 2013 Shinichi Nishikawa

本書の一部あるいは全部を無断で複写・転載・転訳載などをすること、または磁気媒体等に入力することは、法律で認められた場合を除き、著作者および出版者の権利の侵害となりますので、これらの行為をする場合には、あらかじめ小社また編集者宛に承諾を求めてください。